光の翼

「私はアーキエンジェル・マイケルです」

ロナ・ハーマン 著
大内 博 訳

太陽出版

光の翼

——「私はアーキエンジェル・マイケルです」

ON WINGS OF LIGHT

(2nd Edition)

by Ronna Herman

訳者序にかえて

本書はアーキエンジェル・マイケルがロナ・ハーマンさんをチャンネルとして伝えた『On Wings of Light』の邦訳です。ロナさんとアーキエンジェル・マイケルの出会いについては第二章「スピリチュアルな世界への目覚め」を読んでいただくと、よく分かります。ロナさんがスピリチュアルな旅を歩む中で、ご自分の使命に目覚めていったいきさつが真摯なタッチで書かれています。

私とアーキエンジェル・マイケルのメッセージの出合いについて語らせてください。このメッセージによって、私の内部で何が起こったか。

どういうインスピレーションをいただいたか。

何が明確になったか、

どんな力づけを得たか、

どんな喜びを味わったか、

どんな開きがやって来たか、

何がいちばん大切だと思うようになったか、

シェアさせてください。

その前に、プレアデスの兄弟について語らなければなりません。私はプレアデスの兄弟に非常なる親近感を抱いています。兄弟だと言っているのですから、それは当たり前かもしれません。この友情というか、兄弟としてのつき合いは、一九九二年に『The Bringers of the Dawn』（プレアデス＋かく語りき）を読んだ時に始まりました。プレアデス流に言えば、私の内部にあったコードが点火されたのです。

当時の私はスピリチュアルな関係の本は一冊も翻訳していませんでした。大学で言語学や英語を教えるのが仕事だと思っていました。ところが、この英文の書物を手に取った時、「これは自分が日本語に翻訳して出版する」と心に決めたのです。

何のあてがあったわけでもありません。しかし、すべてがとんとん拍子に進んで、『プレアデス＋かく語りき』が出版されました。

読者の皆さんの中には、この本を読んでくださっている人もいるかもしれません。この本は実に不可思議な本です。メッセージがコード化されて入っているのです。メッセージが言葉によって伝えられているだけでなく、言葉と言葉の間に何か遊びが仕掛けられていて、読むとすぐに眠ってしまうという、何やら睡眠薬みたいな本です。私も何度も昼寝をしては翻訳を完成させることができました。

この体験を通して学んだことがあるとすれば、それは目に見えないエネルギーというものが存在するという自覚だったかもしれません。多次元の存在、多次元的な自己といった、当時の私にはわけの分からない概念に直面しました。わけが分からないにもかかわらず、それは真実であるということを確信しました。理屈ぬきの真実とでもいうのでしょうか。

それは読者の皆さんも同じでした。何万人という人たちのコードに火がつけられたようでした。たくさんの読者からお便りをいただきました。「これで、今どうして自分がここにいるのかが分かった！」と皆、喜びの声を寄せてくれました。読書会を二年ほど行いましたが、皆、会った瞬間にハグして、泣きました。それは喜びの涙、長いあいだ別れていた家族と再会した喜びの涙だったと思います。


『プレアデス＋かく語りき』の中には実に様々な、奇想天外とも思えるような概念が目白押しです。少なくとも、七年前にはそう思われました。しかし、様々なメッセージの中で、最も大切であると、彼らが繰り返し述べていることは、「あなたの仕事は愛の波動になることですよ」というものでした。

人に道を説く必要はない。こうしなさい、ああしなさい、と言う必要はない。グルについて行く必要もない。あなたの中にすべてがある。あなたは愛をもたらすために、地球にやって来た。今、その使命に目覚める時。この本を読んだということは、あなたのそのコードに火がついたということですよ。

存在の根源で何かが深く反応しました。その通りだと思いました。あとは「在る」だけだと、「在る」ことの中から現実が創造される、それは明確でした。そして、様々な体験が次々と展開しました。その体験の中で、本で語られている概念の真実性が証明されていきました。多次元を実感し、高次元の存在とともに仕事をするというようなことが日常生活の基本になりました。

これは読者の方々も同じだったと思います。現代の社会では教えてくれないような現実を体験する時、何に頼ればよいか。どこに答えを求めればよいのか。『プレアデス＋かく語りき』は、その叡知を与える存在の一つであったと思います。


それと同時に、私は考えていました。「愛になれと言うけれど、どうすればよいのだろう？」

プレアデスの兄弟は、いくつか提案をしてくれました。

ひとつ、水をたくさん飲みなさい。

ひとつ、言葉に注目しなさい。

ひとつ、スピニングをしなさい。

ほかにもあったかもしれませんが、私の記憶にはこの三つのことが強烈に残っています。


私はプレアデスの兄弟の提案を忠実に実行しました。スピニングなどは名人になったほどです。時計回りにぐるぐる回るのですが、とにかく三十三回連続でスピニングしてもぜんぜん目が回らなくなったものです。言葉は『確言集』を作って毎日読みました。水は、富士山麓に住んでいますから、おいしい水をいただくことができます。

でも、これで「愛の波動」を発することができるのかしら、と思っていた時に、「ゆるし」ということの大切さを思い知らされました。ずっと前から、『A Course in Miracles』（奇跡についてのコース)を、少しは勉強していました。この『コース』の最も根本的な教えは「ゆるし」です。しかし、私にはその大切さがまだ分かっていませんでした。そんな時、敬愛する友人のジェラルド・ジャンポルスキー博士の『Forgiveness』を翻訳する機会をいただきました。『ゆるすということ』として出版されたこの本は、多くの人たちに慰めをもたらしました。たくさんの読者の方々から手紙をいただきました。今でもいただきます。

なかには、この人生に絶望していた時に、「ゆるし」という言葉に救われましたという方もいらっしゃいます。こうして、パートナーのジャネットとともに、「安らぎのワークショップ」を始めることになりました。それは、「人は自分が最も学ぶ必要があることを教える」という、『A Course in Miracles』の教えそのものです。

「ゆるし」を通じて「愛になりきる」という道筋がついてきました。そんな時、ロナ・ハーマンさんの本書『On Wings of Light』が目の前に現われたのです。パートナーのジャネットがインターネットにアクセスして取り出してくれた様々な情報の中から、アーキエンジェル・マイケルの名前が燦然と輝きを放っていました。

ほんのわずか読んだだけで、私の心のときめきは押さえることもできず、その場でこれは私の仕事だと確信したのです。そして、すべてがとんとん拍子に進みました。

私は驚きました。この本の中で、アーキエンジェル・マイケルはまるで、プレアデスの兄弟たちと連係プレーをしているようなのです。いろいろなキーワードも共通しています。

ただ、本書の中では、「愛の波動」になって地上に楽園を実現するための、具体的な手段が多く述べられています。また、様々な瞑想法やプロセスが紹介されています。私自身、この二カ月のあいだ使っていますが、簡単でしかも効果抜群なのです。私たちのワークショップでその瞑想を実践した時、参加者の一人がこう言っていました。「前にずいぶん高いお金を払って受けたワークでも同じ効果が得られたと思いますが、これはずっと簡単にそれができたので驚きました」。

そうなのです。アーキエンジェル・マイケルは私たちが内面的にも外面的にも豊かで、奇跡に満ちた人生を送るための道具をたくさん教えてくれます。まさに惜しみなく、これでもか、これでもか、と私たちが豊かな人生を顕現する方法を教えてくれます。しかも、それが極めて簡単にできるのです。

本書のメッセージに細胞が共鳴するならば、心が躍るならば、ぞくぞくするならば、あなたはアーキエンジェル・マイケル率いる光の軍団の一員である、と語りかけます。壮大な宇宙のストーリーです。しかも、それはこの上ない真実に裏打ちされたストーリーです。このストーリーを生きるために何が必要でしょうか。宇宙の共同創造主としての人生を創作するのに必要なものは実に簡単です。あなた自身が存在の最も深いところで、「そうだ、これが私だ！」と目覚めて、宣言することです。

『光の翼』を今、手に取っているあなたは、まさにこの呼びかけに応じたのかもしれません。どうぞ確かめてください。どうぞ、感じ取ってください。存在のすべてをかけて、共鳴するかどうか、心静かに耳を傾けてください。私も、ただ無邪気に彼のメッセージに耳を傾けました。波動を感じてみました。言葉の感触を味わってみました。瞑想を実践してみました。身体が、魂が、スピリットがどう反応するか、観察してみました。ワークショップの中でシェアしてきました。こうして、アーキエンジェル・マイケルのメッセージとともにこの二カ月を過ごすうちに、次のように感じている自分がいることに気づきました。

私はいま感じています
アーキエンジェル・マイケルをはじめとする
天使たちの深い喜びに溢れた愛を
私が望めばいつでもパートナーとして
働いてくれる天使のエネルギーを
尊敬はしているけれど
怖くて近づけない存在などではなく
友達のような、パートナーのような天使たち
私たちと一緒に地上に天国を築くべく
待ち構えている天使たち
マスターの方々

何が起こっても

何が起こらなくても
この地上にあって
心やすらかに
兄弟を裁くことなく
自らを裁くことなく
一瞬一瞬をいとおしみ
花の美しさに、風の流れに
雲の形の不思議さに
人の心の動きのおもしろさに
喜びを感じ、奇跡を感じ
生命の喜びを感じている私

兄弟の苦しみを聞いて
自分に何ができるかと
自らに問いかけて
ささやかな行動に移したい私

きょうという日が

この人生の最後であってもよい
一つひとつの出会いの中で
愛を表現し、愛の波動で接し
ゆるし、ゆるされ、認め合い
あらゆるあり方の中に
完璧な姿を見たい、知覚したいと願っている私

勇気をもって真実を知り
勇気をもって行動し
勇気をもって沈黙せよ
アーキエンジェル・マイケルの言葉の中に
ただあれよ、愛であれよ、
愛の波動であれよとのメッセージが見える私

限りない感謝の中で
根本創造主の広大な愛を感じ
謙虚なる気持ちをもって
無邪気なる心のままに祈り

共同創造主たる我れに
今、目覚めようとしている私がいる

無限なる宇宙の旅をする兄弟として、アーキエンジェル・マイケルの呼びかけに応じてみませんか。目を覚ましませんか。人間の身体に入る前に持っていたあの使命を思い出しませんか。ゆるしを出発点として、魂を、スピリットを一〇〇パーセント解放してみませんか。そして、誰もが豊かな人生を生きられる楽園の創造に参加しませんか。アーキエンジェル・マイケルをはじめとする天使たちが、パートナーとして一緒につくりましょうと、いつでも手を貸しますよと、あなたからの呼びかけを待っています。

*

最後になりましたが、心のときめきのままに本書を翻訳させていただき、ご覧のように美しい本に出来上がりました。これもひとえにいろいろな方々の喜びの波動からくるご協力があって初めて実現しました。次の方々にこの紙面を借りて心から感謝申し上げる次第です。

本書の出版を喜びをもって引き受けてくださった太陽出版社主の籠宮良治氏、いつも嬉しそうに仕事に取り組んでくださる同編集部の片田雅子さん、アーキエンジェル・マイケルのメッセージをチャネルしてくださり、質問に神のような早業で答えてくれたロナ・ハーマンさん、常に傍らにあって励ましサポートしてくれたパートナーのジャネット、出版全体に関わる導きをしてくださったホワイトローズの方々、スピリチュアルな旅を歩む私をここまで導いてくれたプレアデスの兄弟たち、ワークショップでこのメッセージをシェアした時、誠実に感動してくれた参加者の方々、この時代に生まれる機会をつくってくれた両親、いつも無邪気に応援してくれる子どもたち、香、海、美奈、そして今、この本を手に取ってくださっているあなた。

このプロジェクトを私には理解できないような形でサポートしてくれたであろう私の分身たち、私自身の「ありてある我れ」。

そして、もちろん、愛情を込めてこのメッセージをくださったアーキエンジェル・マイケルと天使たち、ジョアナ、ジョイス、ユリエル、エローヒム。

本書のプロジェクトも含めて、あらゆる存在、あらゆる可能性、あらゆる次元、あらゆる真実、あらゆる事象、あらゆるものの根本におられる創造主に心から感謝します。

二〇〇二年六月十二日

新緑の山中湖にて　大内　博

まえがき

私と一緒に旅に出ませんか。天使の住む、まだ見たことのない世界への旅です。何でも分析しないと気がすまない頭はひとまず休ませておいて、心で感じてみてください。内なる叡知に聞いてみてください。この本で述べられる言葉にあなたの心を共鳴させてみてください。あなたの心の奥に秘められた真実と共鳴するかどうか、私たちが天使と一緒に生活していたはるか昔の記憶の糸につながるかどうか、確かめてみて欲しいのです。

アーキエンジェル・マイケルのメッセージを、文法的な訂正や編集をせずに、与えられた形のままで、皆さんにお伝えします。このメッセージには独特な味わいとスタイルがあります。アーキエンジェル・マイケルは、一般的に受け入れられていないような言葉の使い方をしますが、それらの言葉からは彼の愛と慈（いつくし）みが伝わってきます。というわけで、私は彼の言葉をそのままに皆さんにお伝えします。

私はメッセージをチャネルする準備ができると、コンピューターの前に座って、白い光で自分を囲み、「ありてある我れ」を呼び出します。すると、私の意識が上昇し、アーキエンジェル・マイケルのエネルギーと一体になるのが感じられます。アーキエンジェル・マイケルのエネルギーが私のクラウンチャクラを通って降りてきて、メッセージが出てきます。時々、スペリングに間違いがありますが、言葉はほとんど完璧な形で、非常に速いスピードで出てきます。情報が複雑かどうかで多少変わりますが、四十五分から一時間、あるいは、それよりも少し長い時間チャネリングすることができます。メッセージをチャネルする時、意識はあります。チャネリングのプロセスをちょっと離れたところから観察している感じです。

アーキエンジェル・マイケルのエネルギーとは常につながっていて、彼の存在が昼も夜も私とともにあると感じています。この祝福によって私の人生は一変し、意識は想像もできないほどに広がりました。大昔から、多くの人たちが天使の方々とともに道を歩んできました。宇宙を飛翔する過程で、天使と交わり、助け合い、共に創造し、学んできました。私たちは今、本来の状態に戻りつつあります。天使や高次元のマスターの声が聞こえ、姿が見え、一緒に歩くようになりつつあるのです。私たちが神聖な存在であることを否定することはもはや不可能です。

彼の言葉には、神・女神・創造主からの愛と光のエッセンスが吹き込まれている、とマイケルは語っています。マイケルの存在の暖かさを感じながら、このエネルギーをあなたの存在に浸透させてください。

本書のメッセージは、最初に伝えられた順序ではありません。本書の流れはマイケルが新たに決めてくれたものです。それによって、メッセージの意味がより豊かに、充実したものになっていると思います。

この贈り物は愛情を込めて私のところに届けられたものですが、それと同じ愛情を込めて読者のあなたにお届けしたいと思います。

ロナ

目次

第１章　生命への愛

生命は愛
生命は無限
生命は充足
生命は永遠
生命には始めあり、終わりあり
生命の始めと終わりのはざまで
あなたは成長し、学ぶ
あるいは、のんきに身を風にまかせ漂う
挑戦に立ち向かい
スピリットを高揚し
まわりの人を助け
手を差しのべ
手を取り
分かち合う

生命を感じ
生命を生き
この生命に持てるもののすべてを捧げる
最善を尽くし
不足した自分を忘れ
この生命、無駄にすることなく
笑い声で満たし
涙を随所におりまぜ
この生命の旅の終わりに
振り返って誇り高く、かく宣言する
ああ、この人生は百パーセント燃焼した
生命の螺旋(らせん)状の旅路を
頂上まで登りつめた
旅の一瞬一瞬を楽しんだ、と

ロナ・ハーマン

第2章　スピリチュアルな世界への目覚め

私の略歴を簡単に紹介させてください。あなたとまったく同じような人間であることを知ってもらいたいからです。誰でも天使や高次元の存在と語り合う能力を持っています。それは私たちの生まれながらの権利なのに忘れてしまった、ただそれだけのことです。アーキエンジェル・マイケル、その他の天使の存在、高次元のマスターたちは、ますます多くの人にその存在を知らせています。次元と次元の間にあるヴェールがどんどん薄くなっていて、神の力と私たちは無関係であるという幻想は崩れつつあります。これらの美しい存在と心を通わせることが正常なのであって、ハイアーセルフ*(↓巻末用語)や、「神・女神・万物の創造主」のメッセンジャーと関係を持てないことの方が異常なのです。

多くの人たちが超常体験について話すようになりました。なかには、はっと息をのむほどに美しい話もあれば、不快で、誤解を招いたり、心騒ぐような話もあります。このような体験は、この二十年間、私たちが体験している大きな変化の一部です。

私の話を聞くことで、皆さんが透聴力や透視力、ヴィジョン、多次元の現実、幽体離脱*(↓巻末用語)、デジャビュー（既視感）などを体験した時の参考になればと願っています。私は現在、アーキエンジェル・マイケルのメッセンジャーをしていますが、ここに至るまでの様々な変化、スピリチュアルな目覚め、探究を分かち合うのはとても大切なことだと感じるのです。

私はいつも真理を求めていました。子どもの頃ですら、両親に押しつけられた原理主義的なキリスト教にはいらいらしていましたし、不満を感じていました。それでも、教え込まれた教えよりもずっと広い真実が存在していると分かりはじめたのは四十歳になってからでした。

当時の私は、ソルトレイクシティーにあるテレビ部品会社の社長秘書をしていました。ウエスタン航空のマーケティング部門の地域マネージャーをしていたケント・ハーマンと結婚して間もない頃でした（二人ともに再婚）。私たちは世界中を飛び回って休暇を楽しんでいました。私など行くことができるなどとは夢にも思ってもいなかったようなエキゾチックな場所によく行ったものです。仕事は気に入っていましたし、二人のパートナーシップも最高で、本当に人生に満足して冒険を楽しんでいたのです。私の仕事は広告部門でしたが、職場の上司はヴィヴィアンという素敵な女性で、私たちは親友になりました。彼女は力に満ち溢れた人であるばかりか、若いにもかかわらず叡知の豊かな女性で、時代よりもずっと先を行っているような人でした。

ある日のこと、彼女が私のオフィスにやって来て、その前日に彼女が体験した面白いワークショップの話をしてくれました。そのワークショップのトピックの一つは自動書記*（→巻末用語）で、それがどんなもので、どうすればできるかを習ってきたというのです。

彼女は、どうすれば自動書記ができるかを具体的に教えてくれました。それから、鉛筆を数分間握っていると、私自身にはそのつもりがないのに手がぐるぐる回って、「リリアム・ビーマー、リリアム・ビーマー」と書きはじめたのです。ヴィヴィアンは、ワークショップで教わったように、それが何を意味するのか聞いてみるようにと私に言いました。返事は、「今回はまだです」というものでした。それから、私というか、私の手が「あなたのタイプライターのところに行きなさい」と書きました。そこで、タイプライターのところに行って、手をそっとキーボードの上にもっていくと、ほとんどすぐに手がキーの上を飛ぶように動きはじめました。そして、次のようなメッセージが出てきたのです。

「やっとのことであなたと接触できて私たちは喜んでいます。あなたは新しい意識、高次元の真実を伝える人です。あなたの目的の一つは物を書く人になることです。そうすれば、耳を傾ける準備ができた人たちと分かち合うべき情報が与えられるでしょう。しかし、最初に覚醒があり、浄化があり、試験があるでしょう」

それ以外にも何かありましたが、メッセージの内容は基本的にこのようなものでした。ヴィヴィアンは私の横にびっくりして立っていましたが、私がタイプを終えてそのメッセージを読むと叫んだものです。「すごい！　簡単すぎるわねえ。あなたは別な人生でこれをやったことがあるに違いないわ。今日はこれまでにして、あとは自分を守る方法などの話をしてからにしましょう」

こうして、私のチャネリングの旅が始まったのです。それまでにも東洋の宗教や輪廻転生(りんねてんしょう)について少し読んだことはありましたが、それを信じるとか信じないとかは考えたこともありませんでした。そうしたことは、キリスト教の日曜学校で習ったことと同じくらいの信憑性はあるかもしれないという程度は考えていたかもしれません。しかし、その時までこれは真実だという深い共鳴を覚えるような書物は読んだことがありませんでした。

ヴィヴィアンが私に読むようにと持ってきてくれた最初の本はエドガー・ケイシーの伝記『永遠のエドガー・ケイシー』（There Is A River）でしたが、これを読んで、私の信念体系は文字通りこなごなに砕け散りました。ジェーン・ロバーツによる『セスは語る』（The Seth Material）は、私の意識の展望をさらに拡大し、それまで私が持っていた迷信や信念の多くは跡形もなくなったのでした。私は自分が脆（もろ）い存在で、独りぼっちになったような感じがしました。私たちの人生を操って支配している神様など存在しないということ、世界に対する責任は自分にある、すべては自分しだいだと知ってこれは大変だと思いました。

私はまるで取りつかれたように、形而上学的な本を手当たりしだいに読みあさりました。催眠術を使って患者をリラックスさせて治療する歯科医のところに行った時のことです。私はあっという間に催眠術にかかって別な世界に入っていけることが分かりました。彼は私にこう言ったものです。「あなたは私がこれまで扱った被験者の中で最も優秀な一人ですよ」。彼に読むべき本を推薦してもらい、その一冊目を読み終えてまもなく、夫、十六歳の息子のダン、それに私とでコロラド川にラフティング（急流下り）に出かけました。三日目まではスリル満点でエキサイティングで、言うことなしでした。三日目のことです。急流の最も厳しいところにさしかかった時、ラフトの前方にある二つのポンツーンの左側が緩み、私が座っていたボートの前方に倒れかかって、私の左脚を空中にねじり上げて三カ所骨折させてしまったのです。頚骨が螺旋(らせん)状に骨折し、腓(ひ)骨が二カ所でポキンと折れてしまったのです。

私はヘリコプターで救出され、ソルトレイクシティーの整形外科で治療を受けギプスをしてもらいました。その時、先生にこう言われました。「少なくとも三カ月はこのギプスをしている必要があるでしょう。あなたの年齢になりますと、骨の回復にはかなり時間がかかりますよ」

私は多くの時間を大きくて快適な夫のリクライニングチェアに座って、本を読んだり、自己催眠をしたりして過ごしていました。痛みがある時に、自己催眠を使って四十五分間痛みを消すことができることが分かりました。二、三日後には痛み止めの薬を捨てて、脚に癒しのエネルギーを送り、治って強くなった脚のイメージを描くことに集中しました。六週間たってから、夫のケントがレントゲン撮影に医師のところに連れて行ってくれた時に、私は彼に向かってこう言いました。「今日は歩行用のギプスに代えてもらいますからね」

夫は言いました。「あまり期待しない方がいいと思うよ。なにしろ、まだ十分時間が経過していないんだから」

医師は部屋に入るとレントゲン写真を見て言いました。「これは驚きだ。あなたの脚は十六歳の人と同じくらいのスピードで治癒しましたよ。歩行用のギプスに代えましょう」

ケントは驚いてあっけにとられていました。

私は先生に言いました。「笑わないで欲しいのですが、私が何をしてきたかお話しさせてください」

話を聞いたあとで先生は言いました。「笑ったりしませんよ。それでうまくいったのですから。脳と意志の力については、私たちもやっと分かりかけてきたようなことがたくさんあるのです。研究も始まっているところです。あなたがおやりになっていることが何であれ、どうぞ続けてください。役に立つことはあっても、害になることは決してないのですから」

私は輪廻転生や異次元の意識などについてさらに勉強を開始し、まもなく、規則的に瞑想をするようになっていました。そうしているうちに、過去世の様々なシーンが蘇ってくるようになりました。私はヴィジョナリー*(↓巻末用語)ではありませんから、姿かたちが見えるということはないのですが、はっきりと分かるのです。心の中に物語が展開して、起こった出来事を感じるのです。

「リリアム・ビーマー」というのは、私の重要な過去世での名前であったことも分かりました。父親との関係がなぜこんなにも悲しく、満たされないものだったのかといった、様々な疑問に対する答えも得ることができました。『Once Upon a New World』（はるか昔の新世界で）という私の本の中に、「少女戦士」という章がありますが、これはこの時の過去世体験がもとになっています。

過去世のシーンが突然感じられるという体験はそれほど頻繁に起こるわけではありませんが、時々、ある過去世が意識の中に現われて、その時の体験が現在の様々な人間関係に影を落としていることや、私特有の怖れや衝動の原因になっていることが分かるのです。

一九七六年、夫がサンディエゴに転勤することになりました。当時の私たちにとっては、この引っ越しはとても大変なものでしたが、あとで振り返ってみれば、それもすべて神聖な計画の一部であったと納得できます。私は不動産売買の資格を取り、三十人から三十五人が働くオフィスの責任者になりました。ここでもまた、素晴らしい先生との出会いがあり、私は占星術の勉強に打ち込むことになりました。この体験が、あとでスピリチュアルな占星術によるライフリーディング*（→巻末用語）につながってゆきます。

この頃には、タイプライターを使って定期的にチャネリングをするようになっていましたし、家族や友達のためにライフリーディングもやるようになっていました。タイプライターの前に座ってそっと手をかざし、相談された人間関係や問題について質問をすると、問題の背景や説明がすぐに自動書記で出てくるのでした。私は時々、歌をうたったり詩を朗読しました。そのメッセージが私の意識下から来ているのではなく、私以外の誰かから来ていることを確認したかったのです。そんなことをしてもメッセージはどんどんやって来て、チャネリングをしてあげた人や、私自身を驚かせるようなメッセージが来ることもありました。

他人のためにチャネリングをすることに伴う責任を考えると、何か落ち着かない気持ちになることもありました。しかし、チャネリングのメッセージを聞いた人が、「本当によく分かります。その通りです。これで分かりました」と言うのを何度も聞いているうちに考えが変わりました。これは神様から頂いた贈り物で、それを他人に差し上げるのが私の責任だと思うようになったのです。そのメッセージを真実として受け入れるか否かは、その人の決定に委ねればよいと考えるようになりました。

まもなく、数人のガイドのチャネリングをするようになっていました。最も頻繁に出てきたガイドは自称アンソニーで、彼が言うには私個人のガイドだということでした。アレタという優しい、愛情いっぱいの存在のチャネリングもしていました。

一九八四年、夫と私は共に定年退職を迎えました。在職中は一生懸命に働き、いろいろなところへの旅行を楽しみ、社交生活も存分に楽しみました。山の中の美しいマイホームで、のんびりと静かに余生を楽しむ、二人の気持ちは一致していました。ところが、今となれば聖なる干渉であると分かるのですが、一連の状況が次々と現われて、背の高い樫の木がそびえ、小川が流れている約千坪の敷地に立つ家を買うことになったのです。このいきさつを詳しく話せばそれだけで一冊の本が書けるほどですが、私たちは様々な奇跡によってこの家に導き寄せられ、様々な障害は次々と姿を消して、二つの家の買い手もあっという間について、わずか三十日間ですべてが完了したというだけにしておきましょう。

これですべての時間を、勉強したり、庭造りに精を出したり、夫との生活をエンジョイすることに費やせることになったのです。すべてが完璧であるように思われました。そして一九八六年、浄化のプロセスが本当の意味で始まったのです。私は気管支炎にかかり、身体からエネルギーがなくなって、極端に衰弱してしまいました。体重が増え、腰痛に悩まされ、まったく悲惨で、私は失望のどん底でした。

私は瞑想し、祈り、何度も聞いたものです。「どうして、どうして、今になってこういうことになるんですか？　これまで学んできたスピリチュアルな信念に従って生きようとしているのに、どうしてですか？　私は何か間違ったことをしているのですか？」

この状態が一九八七年の春まで続きました。私はその日のことを今でもはっきりと覚えています。ヨガを終えて、床の上に横になって瞑想をしていました。私はひどく落ち込み、悲しみでいっぱいでした。この人生には何も意味がないように感じられました。これまでなしてきたことも何も意味がないかのようでした。目をしっかりと閉じていたのですが、その目から涙が溢れて頬を伝って流れ落ちていました。

心の目の中に、宇宙の広大なシーンが浮かび、私はその中に漂っている本当にちっぽけなエネルギーの点であるかのように感じました。私は私の魂を手の中に入れて、神に向かって差し出して言いました。「どうしたらいいのか分かりません。どうぞ、私の魂を受け取ってください。あなたならどうするか分かっているのでしょうから」

突然、太い声が聞こえました。それは耳のすぐそばにメガフォンがあるかのように大きくはっきりと聞こえました。「やっと分かってくれましたね。あなたがエゴを手放して、私たちと一緒に仕事ができるようになるのをずっと待っていたのですよ。私たちの名前はトライトンです。これからあなたの先生になります」

しばらくの間、私は気が違ってしまったのではないかと思いました。毎日毎日、庭仕事をしながら、あるいは家事をしながら、頭の中で会話をしていました。思いつくことを何でも質問しましたが、その一つひとつの質問に対して、明確で、簡潔な答えが返ってきました。私のそれまでのすべての人間関係、様々な出来事、その意味について聞いてみました。過去世の中でも最も重要なものはどれだったのか、私は誰だったのか、それらの過去世が今の人生にどのような役割を果たしているのかも知りたいと思いました。

このような質問に対する答えを聞いて、様々な謎が解け、人生の様々な出来事がぴったりとジグソーパズルのようにはまって、それまで感じていた苛立ちや悲しみがすべて消えてなくなったのです。

そういう話を聞いても驚くことなく分かってくれるだろうと思われる家族や友達に、私の過去世の話をしてみました。そうこうするうちに、家族や友達に頼まれて、彼らのために質問をして答えを聞いてあげるようになっていました。ほどなくして、トライトンはタイプライターの代わりに声を使ってチャネリングするようにと言ってきました。最初、私は怖れを感じ、ためらいを覚えました。それで、絶対に愛されていると安心感を持っている身近な人たちの時だけ、声を使ってみたのです。しかし、まもなくトライトンの愛情いっぱいの導きによって、クライアントのために過去世回帰のセッションを始めました。このセッションの中では、トライトンがクライアントを導いて、重要な過去世時代に体験した感情や現実をもう一度体験させ、壁を打ち破り、マイナスの思いをクリアにしてくれるのです。

私の健康は回復し、この世界を見る私の目はまったく異なったものになっていました。毎日がまるで天国にいるかのようにスムーズに過ぎていきました。庭の手入れをしたり、片付けをしたり、スピリチュアルな仕事をしたり、何をしていても、肉体である私がそのような仕事をするのを、もう一人の自分がオブザーバーとして観察している、そのような感じがしました。

同じ頃、友人の多くもまた浄化のプロセスを体験し、ものすごいほどの成長を見せていました。そこで、自分たちが体験したり学んでいることを分かち合って、お互いをサポートし励まし合うことができたらいいね、という話になったのです。二週間に一度集まって、読んだ本について話し合ったり、ワークショップなどで学んだことを分かち合うことになりました。一緒に勉強し、瞑想し、暖かくて愛情がいっぱいのスピリチュアルな家族が誕生しました。その後、多くの人が別な道を歩みはじめたり、別なスピリチュアルな道に入って行きましたが、このグループは今でも続いています。

誰もがスピリチュアルな意識において、拡大し、急速に成長していました。時間は加速し、世界そのものもめまぐるしいほどのスピードで変わっていました。私は、個人セッションやグループセッションの両方で、トライトンのメッセージを定期的にチャネリングしていました。グループセッションでトライトンが私を通して話をする時に、彼の愛情がいっぱいでダイナミックなエネルギーを誰もが感じていました。

彼の話によると、彼はより大きなエネルギーの一部で、数多くの部分から成る存在で、多次元的な存在であり、もちろん男性でもないということでしたが、彼のエネルギーは非常に強力なもので男性的に感じられました。彼は常に「私たち」と言っていました。このエネルギー集合体は、物質界に肉体を持って生まれた経験はないけれども、エーテル界*(↓巻末用語)の上部原因局面*(↓巻末用語)、精神界にあって教師の役割をずっと果たしてきたということです。

このエネルギー体は、私たちのより広大な「オーバーソウル*(↓巻末用語)」の一部であり、学び成長するために地球にやって来た私たちも、やがてこの広大なエネルギー体と一つになって、私たちの意識と愛と体験を持ち帰り、全体に貢献するということなのです。これまで蓄積されてきたマイナスの思考形態や感情の波動を私たちが打ち破った瞬間から、誰でも彼にアクセスできるようになったということです。私たちのグループの人の多くが、トライトンから答えをもらったり、エネルギーを感じたりするようになり、この愛情いっぱいのエネルギー体ととても緊密なつながりを感じるようになっていました。

ある日のこと、私は庭で作業をしていて、クリスマスツリーの新しく生えた芽を切りそろえようと思ってそちらの方に歩き出した時、トライトンがこう言いました。「そろそろ書きはじめる時だね。本を書くことになるでしょう。本のタイトルは、『Once Upon a New World』(はるか昔の新世界で)になるでしょう」

私はちょっと驚きましたが、それが何についての本なのか見当もつきませんし、そんなことが私にできるなどとも思えなかったので、数週間はそのことについてとくに何も考えませんでした。ところが突然、様々なシーンが心の中に浮かぶようになって、それを書きとめておかなければいけないと強く感じたのです。夜、夫がテレビを見ている間、私も居間に座って書きはじめました。これが毎晩毎晩、続きました。時には普通の書き方で、時には速記で、次々と展開する物語を黄色い紙のノートにものすごいスピードで書いていったのです。

次の日に、前の晩に書いたものを訂正しながらタイプライターに打ち出していきました(当時の私にはコンピューターはありませんでした)。

初校が書きあがるまでに四カ月かかりました。書き直し、推敲し、完成するのにそれよりもずっと長い時間がかかりました。三二六ページの原稿を二回タイプで打ちましたが、訂正したり削除した部分は相当な数にのぼりました。それから、またまた奇跡が起こって、中古のコンピューターを入手することができましたが、ワードパーフェクトをはじめとするソフトウエアも含めて破格の値段で手に入れることができたのです。

このコンピューターを見つけてくれた友達のコニーが、コンピューターの使い方も教えてくれました。というわけで、今度はコンピューターにこの原稿を打ち込んだのですが、今回はフロッピーディスクに入れることができました。

この時期に詩も書きはじめました。夜中に目が覚めると言葉が転がり出てくる感じで、それをすぐに書きとめたのです。そうしないと、朝、目を覚ます頃には忘れてしまうからです。このようにして、六カ月の間に二十篇以上の詩を書きました。それで、止まりました。時々、詩の構想が心の中に浮かぶことはありますが、それほど頻繁ではなくなったのです。詩の女神の助けを借りずに詩を書いたりすると、とても悲惨なことになってしまいます。

一九八七年から九一年の間にはいろいろなことを体験しました。私のソウルグループの人たちとすら分かち合うことができないような体験もしました。瞑想の真っ最中に、身体が激しく揺れはじめて、ベッドや床から浮かび上がることがよくありました。エネルギーの波が身体の中を上下に移動するような感覚を体験し、その後は身体から力が抜けたような状態になり、それから、元気でいっぱいになるのでした。

瞑想中にどこか遠い場所に連れて行かれました。宮殿や人が集まるような場所で、たくさんの人たちのイニシエーション（通過儀礼）が行われているようにも思われました。ある夜のこと、それは満月の夜でしたが、外にあるお気に入りの石に座って瞑想していると、「準備はできましたか？」という声が聞こえました。私は心の中で、「はい」と答えました。三度この質問を受け、そのたびに「はい」と答えました。それだけでした。何に対して「はい」と答えたのかは分かりませんでしたが、心の深いところで、それが唯一の答えだと感じていました。

　それからしばらくして、私の世界がひっくり返るようなもう一つの出来事が起こりました。ニューエイジの世界の人たちがよくするように、私も様々な石やクリスタルを持っていて、使っていました。お気に入りはジェネレータークリスタル＊（↓巻末用語）で、その他に、瞑想する時には二カ所がくぼんでいる小ぶりのクリスタルを使っていました。ある日曜日に友達のサラとクリスタルの交換会に行ったのですが、私はある友達のために小さなクリスタルを探していました。その場所はお店も兼ねていて、ほこりをかぶったショーケースを覗き込むと、装飾用のクリスタルに混じって長さが七センチ、幅が三センチほどの黒っぽく汚れたクリスタルが見えました。お店の人に頼んで取り出してもらって手の上に載せた瞬間、腕と身体全体にぞくぞくと寒気が走りました。値段を聞くと九ドルというので、私はすぐにそれを買ったのです。

　このクリスタルを水に浸し、清め、太陽の光に当て、エネルギーの感じがぴったりするまでには数日かかりました。このクリスタルがどのような旅をしてきたのか具体的には分かりませんでしたが、それが長く波乱に満ちたものであったであろうことは私にも分かっていました。このクリスタルは今や透き通って見え、曇りもなく、スムーズになりました。丸いというよりはフラットな感じで、先が少し尖っていました。手にぴったりとおさまり、このクリスタルがすぐに大好きになって、瞑想の時に使うようになりました。

ある日のこと、このクリスタルを手の中に持って、深い瞑想に入っていると、その手がちかちかして暖かくなって、突然、言葉が私の心の中に入ってきました。それはトライトンの声ではなく、ただその言葉がそこにあると私は確実に知っているというような感じでした。「私の名前はエクスカリバーである。私はアーキエンジェル・マイケルの剛剣の剣先の象徴である。私は勇気と真実と神の意志の象徴である。私があなたのもとに戻ってきたのは、あなたがアーキエンジェル・マイケルの戦士軍団の一員であることを思い出させるためである」

私は長い間、静かに座っていましたが、それ以上は何も言いませんでした。私は興奮を覚えると同時に畏敬の念に打たれましたが、これが何を意味するのかについてはよく分かりませんでした。しかし、この体験があってからは、このクリスタルはいつも身につけておく必要を感じました。夜寝る時にはベッドの脇のテーブルに置き、起きればビロードの子袋に入れて財布の中に入れて持って歩きます。コンピューターでチャネリングをする時には胸の近くに入れておきますし、瞑想する時にもこのクリスタルがないと落ち着きません。

それから数週間たって、トライトンと個人的な会話をしている時に、彼が言いました。「まもなく、偉大な新しい先生があなたのところにやって来るでしょう。浄化のプロセスは完了しました。私たちの間に通うエネルギーは純粋で、何物にも妨げられることはなくなりました。あなたは私たちのエネルギーと一つになったので、私たちはいまや完璧につながっているのです。あなたが成長し進化すれば、私たちも成長し進化します。私たちもまた、常により高いところへ、はるかなる高みへと成長しているのです。私たちはあなたの一部であり、あなたは私たちの一部なのです。これこそ皆が望んでいるアセンションの旅です。あなたのハイアーセルフのところまで到達し、一体となり、それから次のレベル、そしてさらに次のレベルまで上昇し、キリスト意識へと到達し、それからさらなる高みに向かって、「ありてある聖なる我れ」の生命ある存在のところまで行くのです。アセンションの旅の途中に通る次元の中には様々なレベルがあり、様々な次元があります。そして、アセンションという旅の歩みの一歩一歩が勝利なのです」

控えめに言っても、私は愕然としました。しかし、何か新しい意識、新しい次元がいまや自分のものとなったという感じがしました。それまでは、トライトンのエネルギーと一体になるためには、瞑想のプロセスが必要だったのですが、今では彼のエネルギーがいつも一緒にいると感じられたのです。心をシフトすることによって、ラジオの周波数を変えるのと同じように、トライトンのエネルギーにアクセスできるようになっていました。人や出来事を見る目が違ってきました。一見して下劣で卑しむべき人であっても、たとえば殺人や強姦の犯人、凶悪犯のような人でも同情の目で見るようになっていました。彼らが犯した行為よりも、彼らの中にある神の火花を見るようになったのです。それまでの私なら気になっていたに違いないような出来事なども、まず気にならなくなりました。すべての出来事にはそれなりの理由があり、すべては最も良い方向へと向かっているのだと感じるようになったのです。より寛容になり、裁くことが少なくなりました。数多くの問題に関して自分の意見を持つことをやめてしまいました。それぞれの立場にはそれなりの良さがあり、妥当性があることが見えるようになったのです。簡単な言い方をすれば、私はそれまでよりも愛情が豊かになったのです。

一九九二年一月十一日のイレヴン＝イレヴン*（↓巻末用語）で、エネルギーの活性化および加速化が行われた時、スピリチュアルな仲間と三日間、共に過ごしました。トライトンも一緒で、誰もがスピリットとの一体感を経験しました。一人ひとりが新しい意識をもって帰路につきましたが、何か深遠なことが起きたと感じていました。

それから数日して、この三日間に起こったことをトライトンのエネルギーを使って記録しておこうと思い立ちました。座ってテープレコーダーをオンにするや否や、身体にどっとエネルギーの波がやって来ました。そのエネルギーが一点に集まって、私の頭蓋骨の基底部にインパクトが感じられました。非常に低い、はるか彼方からやって来るような声で私は話しはじめました。

「愛しい光の子よ、私は最も高きところよりメッセージをもたらしています。私が今、あなたのもとに来たのは、あなたがかくも短時日の間に成し遂げた進歩への喜びを表わしたいがためです。私はトライトンとして、あなたが認知している存在のエネルギーを通してあなたと接しています。あなたはいまや神聖な光のチャネルとなりました。エネルギーの周波数を開いて、私がトライトンという同質のエネルギーを通じて、あなたと接触することを可能にしてくれたのです。私はアーキエンジェル・マイケルとして知られている存在です。私に代わってあなたに情報を届けてくれるメッセンジャーを、あなたのもとへと遣わしましょう。あなたはこの情報をコンピューターに入れてください。そうすれば、他の人たちと容易に分かち合うことができるでしょう。あなたは大いなる愛によって愛され、私の導きと保護のもとにあることを知ってください。また、高次元の数多くのマスターたちの導きと保護のもとにあることを知ってください」

その後、二日の間、私は何もできないような状態になりました。頭が痛いわけではありませんでしたが、頭がものすごく大きくなって頭蓋骨の基底部にエネルギーがいっぱい滞っているような感じでした。しかし、これは少しずつなくなっていきました。

数カ月の調整期間があって、アーキエンジェル・マイケルがメッセンジャーを送らずに直接やって来るようになりました。今では、コンピューターの前に座って手をかざし、無敵の強力な光で自分を包み、「ありてある我れ」の存在とつながると、優しく愛に満ちたエネルギーが身体に流れ込んでくるようになりました。メッセージはほとんど完璧な形で、非常なスピードでやって来ます。セッションが終わると、私は喜びでいっぱいになりますが、それは静かでやすらぎに満ちた喜びです。

この愛情と叡知に満ちたエネルギーを受けさせていただけることに深い祝福を感じています。私が一人であることは絶対にないこと、私の人生にははっきりとした目的があることを、今は自覚しています。私は未来を怖れてはいません。世界が破滅に向かっているなどということも信じません。

これまでの道のりがすべて平坦であったわけではありませんが、そのすべての瞬間をとてもいとおしく思っています。しかも、素晴らしい時代がこれからやって来ることを確信できるというのは、嬉しいことです。

スピリチュアルな道を歩むあなたに愛と光がありますように。あなたの旅路も私の旅路がそうであったように、喜びに満ちたものでありますように、楽しくかつ満足のいくものでありますように祈ります。未来のある素敵な日に私たちは出会い、一つになることでしょう。

ロナ

第3章　世界の未来はあなたが決める

愛する人たちよ、こんにちは。私たちはアーキエンジェル・マイケルの天使のメッセンジャーとしてここにいます。

今日は、あなた方の未来、あなた方が知っている世界の未来についてお話ししたいと思います。あなたは、世界は破滅に向かっているという話を信じますか？　それとも、創造主の宇宙計画は完璧であることを確信して、やすらぎの中にいますか？　予期していることがあなたの現実になります。

あなた方は今、新しい時代の夜明けに伴う激痛を体験しています。それは生命の誕生のプロセスで、何か新しいものが生まれる時は常に不快を伴うものです。しかし、そうした不快感は新しい生命の美しさに歓喜する中ですぐに忘れられてしまうものです。

ライトワーカーであり、新しい時代と新しい意識の尖兵であるあなた方には、このプロセスの美しさと完璧さにエネルギーの焦点を合わせるという責任があります。別な言い方をすれば、あなた方はマイナスのエネルギーを中性化しなければなりません。地球に注ぎ込まれている増幅されたエネルギーを吸収できない人たちの怖れ、憂鬱（うつ）、希望の喪失といった感情によって、あなた方の世界はマイナスのエネルギーによる攻撃にさらされています。人類の暗い面が露わにされているのです。それはこれからの世界ではもはや許容されることはありません。欲望、暴力、自己中心的な考え、不信、否定といった時代遅れのモードで行動している人たちにとっては、世界は狂気に満たされ、混沌が支配しているように見えることでしょう。

ですから、あなたの内なる力の源泉を確立し、このエネルギーをバランスと平和と調和に向けるというあなた方の責任は、ますます重要なものとなっています。これをまずあなた自身の内面で行い、それからスピリチュアルな仲間と一緒に強力なシナジー*(→巻末用語)を創造して、数多くの人びとが放つマイナスのエネルギーを相殺するのです。これは可能です。なぜなら、あなた方と一緒に仕事をしている数々のマスターの力があなた方にはあるからです。大衆のエネルギーは彼ら自身の内部で停滞し、動けない状態になっていますが、あなた方の力はますます強いものとなって、地球を、そしてエーテル界*(→巻末用語)を満たしています。そうすることによって、プラスのエネルギーは増幅され、さらに莫大なプラスのエネルギーがあなた方のところに引きつけられています。

あなた方は、母なる地球の錨(いかり)の役目も果たしています。つまり、混乱の真只中に安全な避難所をつくっているのがあなた方です。怖れや疑いを意識の中に入れてはいけません。あなた方の近い将来に予言されている様々な不吉な出来事を事実として受け入れれば、それが実際にあなた方の未来となるでしょう。この種のエネルギーが心の中に入ることを許し、それを自分の真実として放射する人の数が増えれば増えるほど、そのような予言が実現する確率は増してゆきます。

あなた方は、自分自身のスピリチュアルな自己形成において、共同創造主となっているのだということを思い出してください。それは、様々なポジティブな確言を表現することによって可能になります。思考過程、とくに感情のあり方を毅然としたものにしないと、善意の人たちによって流布されている大変動や恐ろしい予言を顕現することになるでしょう。

大いなる変化を奇跡的にも最小限の苦痛と破壊だけで実現することが可能であることは、皆さんも知っているはずです。確かに、地球には浄化が必要です。古いあり方や、古い考え方は変えなければなりません。しかし、あなたやあなたの仲間の人たちがウエークアップコールで起こされ、力を与えられてきたのはなぜでしょうか。あなた方には、そのような奇跡を実現する力があるからなのです。

人類の、少なくともある程度の割合の人びとが、許可を与え、受け入れる気持ちになってくれなければ、異なった次元と世界に住んでいる私たちの助力には限りがあります。あなた方が神の意識を持つようになるにつれて、あなた方を通じて行われる私たちの援助を増やすことができます。

あなた方には限りない可能性があることを知ってもらう必要があります。あなた方は神の力を持った共同創造主であるという普遍的な真実を受け入れてください。

あなたにとって信じられないほど素晴らしい夢とは何でしょうか？　あなたの地球がどんな世界に

なって欲しいですか？　それを頭に描いて、それからそのイメージをあなたのハートの中に固定して、それを実現したいという願望であなたの感情を満たし、それを確言することによって実現してください。まだ顕現されていない宇宙のエネルギーのすべてを、自由自在に使うことができます。書物を読んで知識を得るだけでは不十分です。願望を持ち、希望するだけでは不十分です。あなた方は神になりつつある存在であることを知ってください。すべての善なるもの、完璧なるものを無制限に入手できるのだということを自分の全存在で信じてください。あなたがそれを自分のものであるとして入手して、実現してくれることを待っています。

愛する人たちよ、善悪という考えを超越しなければなりません。中立と価値判断放棄の外套を身にまとってください。あなたのハイアーセルフとキリスト意識に波長を合わせ、完璧なやすらぎと調和の意識をもって前進するのです。いかなることによっても心を動揺させず、自分が信じていることを正当化しなければならないと感じる必要もありません。自分の中でますます強まっている意識を他人に押しつける必要もありません。誰かが必要に駆られて助けを求め、答えを求めてきたならば、もちろん、求められているものを提供してあげることです。

マスターの決まりを思い出してください。「勇気をもって知り、勇気をもって行動し、沈黙を守る」という決まりです。あなた自身の内なる力を築きなさい。そしてその力を、あなたのスピリチュアルな家族と一緒に愛に満ちたエネルギーをもって行動することによって強化するのです。あなた方が、栄光に満ちたダイナミックなエネルギーをもって前進する時、最も高い目標に到達するのを妨げることは何者にも不可能です。成功は保証されています。

あなた方の一人ひとりが、直感やテレパシーによるメッセージ、透聴などを通じて、ますます自らの内なる意識に波長を合わせるようになるでしょう。心の軸を中心に置き、思考過程のコントロールを忘れなければ、何をなすべきか、どこにいるべきかに関して常に情報を与えられることでしょう。

あなた方は正しい時に、正しい場所に常にいるでしょう。

私たちの目的は、あなた方を力づけ、あなた方の努力は実を結んでいること、あなた方は違いを生み出していることを保証することにあります。自分自身の中に起きている変化、違いを感じることができませんか？　新しい意識の誕生を楽しんでください。地球の変化のプロセスを楽しんでください。心がどきどきするような、喜び溢れる体験にするのです。それは新しい次元に向かう旅であり、天国のさきがけとなるものです。

選択権はあなたにあります。「空が限界である」という諺がありますが、私たちに言わせると、「宇宙ですら限界ではない」のです。あなた方は深く愛されていることを知ってください。そして、アーキエンジェル・マイケルとその他のマスターの方々の保護と導きのもとにあることを知ってください。

第4章　大いなる変化のプロセス

――質問――

天使界のメッセンジャーにお願いします。最近、多くの人たちがめまいを感じたり、虚脱状態になったり、睡眠のパターンが崩れて、いくら眠っても眠り足りないと思ったり、ぜんぜん眠れなくなったりしているのはどうしてなのでしょうか。これは肉体的なものなのでしょうか。だとすれば、原因は何でしょうか。それとも、これはすべてスピリチュアルな一つのプロセスなのでしょうか。

私たちはアーキエンジェル・マイケルによって派遣された天使界のメッセンジャーです。愛する人たちよ、いま進行中のプロセスについて、また近い将来に起こる事柄について説明したいと思います。皆さんがこれを理解して、心配のあまり、不自然な手段で治療したりしないことが大切です。

まず第一に、変化のプロセスが非常なペースで加速されています。それはあなたをはじめとするライトワーカーが、いま地球に流れ込んでいるエネルギーを受け入れ、まだ残っているネガティブなエネルギーを体内から取り去るためです。その理由は、少しでもバランスが乱れると、不快な状況がつくり出されて、完璧な変化・変容を達成することが妨げられてしまうからです。

愛する人たちよ、あなた方は今、二つの次元の両方にまたがっているような状態なのです。なかには、三つの次元を同時に体験している人もいます。肉体は三次元の世界で機能し、感情体と精神体は四次元的な体験に適応しようと努め、意識ないしはスピリットであるあなたは五次元に到達しようとしているのです。

あなた方の脳の分子構造は自らを改造中で、脳の一部は新たに活性化されています。それは何千年ものあいだ眠っていた部分で、なかには極めて重要な働きを持っていながら何百万年ものあいだ活動を停止していたものもあります。こういうわけですから、あなた方が不快感を体験したり、苦痛を感じていることにはもっともな理由があるのです。

ですから、これはあなた方が考える意味での肉体的な問題ではありません。別な言い方をすれば、病気ではありません。あるいは、外部の影響は何もないという言い方もできるでしょう。このプロセスは内的なものであり、宇宙的でスピリチュアルなものです。不快感を感じたら休息する許可を自分に与えてください。猛烈に眠い時は眠ってください。なぜなら、そうすることが必要なのです。身体というあなたの乗り物の衝動や気持ちに、注意深く耳を傾けることが大切です。そうすればこのプロセスは加速され、容易になり、しかも快適なものになるでしょう。

食べ物ですが、軽く食べるのがよいでしょう。飲み物は純粋なもの、つまり濾過された水やフルーツジュースを飲んでください。新鮮な果物や野菜を食べることが大切です。こうすれば不快な体験は緩和されます。あなた方の身体は、胃に重い食べ物、スパイシーな食べ物、濃厚な食べ物はもはや同化できなくなっているということをしっかりと理解してください。あなた方の身体の内部と消化器官は現在、構造改革中です。あるいは、自分で自分を変革中なのです。その結果、スパイシーな食べ物などを食べると直ちに何らかの反応が起きてしまいます。あなた方の中にはすでにこれを体験していて、身体から来るメッセージに賢明にも耳を傾けている人もいます。

通常、今あなた方が体験していることは数百年という期間の中で体験することです。本当です。繰り返しますが、数百年です。そういうわけですから、あなたが入っている身体という乗り物が、どれほどのショックと混乱を体験しているか、想像がつくのではないでしょうか。

あなた方の中には体重が増えて心を悩ませている人もいます。悩む必要はありません。信じられないほどのスピリチュアルな飛躍を遂げつつあるあなた方にはこれが必要なのです。それはあなた方の肉体に非常な負担をかけるもので、実際に負担になっているのです。あなた方の魂が、できるだけ早く身体という乗り物のバランスをとり、調和のとれた状態にするように努力しています。

あなたが変化の真っ最中だった時には、心の悩みや混乱を体験したのと同じように、身体もまたその道をたどっています。オーリックフィールド*（→巻末用語）のエネルギーの浄化も行われています。あなた方は、精神体、感情体、そして高次元の身体のバランスをはかっているところです。素晴らしいタイミングです。時間のシフトや様々な顕現についての話がありますが、これはすべて正確です。そうです、次の局面のための準備が行われているのです。エネルギーが増幅され、あなた方は進化の階梯（かいてい）を次の段へと螺旋（らせん）状に上っているところです。

この変化のメカニズムの一部を紹介しますと、一つは、地球の軌道が上げられているということ、もう一つは、地球に衝撃を与えている電磁波ないしは宇宙エネルギーの量が非常に増大しているということがあります。これからより多くの暴力が起こることを覚悟してください。また、地球はより多くのエネルギーを吸収するようになるでしょうし、それは人間や動物、植物にもいえることです。

このエネルギーに対処する準備ができていない人たちは、より暴力的になり、鬱（うつ）状態に落ち込み、ますます苦しくなり、混乱の度を深めていくことでしょう。自殺や事故が増え、異常な出来事がますます多くなるでしょう。これはすべて、大いなる変化というプロセスの一部です。このエネルギーは、地球の核心にまで到達し、地球上のすべてのもの、すべての人をも貫き通すのですから、どれほど強力で侵略的なものか想像できるはずです。ライトワーカーのあなた方がめまいを覚え不快感を感じているのですから、まだ光を知らない可哀いそうな魂たちが何を感じているか、それは大変なものです。精神的な病や肉体的な病が増え、混乱の度合いはますますひどくなり、精神錯乱を起こす人も増えていくでしょう。

人間同士の暴力、それもまったく分別を欠いた暴力が増え、人びとはますます理性を失った行動に走り、何をするか予知することはますます難しくなるでしょう。これまで頼ることができたものでも、これからは頼ることはできなくなるでしょう。宗教であれ、ビジネスの世界であれ、古い体制はすべて崩壊するでしょう。光が浸透していないものは立っていることができなくなるのです。

どこでも、政治的なプロセスについて賛否両論が渦巻いて大変な状態です。しかし、このことから良い結果が出てくるはずです。一般大衆も無気力を脱しつつあります。疑問を抱きはじめているのです。軍隊は精神的にも倫理的にも徹底的な点検を受けています。経済は停滞していますが、これまでのやり方では問題を解決することはできません。天国の指導組織が、これまで足を踏み入れることができなかった多くの領域を支配するようになってきました。

ここにもまた、皆さんの功績が見られます。なぜなら、ライトワーカーとして、皆さんは高次元の世界と協力してきたからです。そのおかげで、私たちはあなた方のエネルギーを使い、あなた方の同意のもとに、これらのエネルギーに方向を与えることができるようになったのです。お分かりいただきたいのですが、私たちはあなた方の自由意志を尊重したのです。何千人というライトワーカーが、「神の意志がなされますように」と嘆願しました。これによって、神の純粋なエネルギーをこれまでになく地球に向けることができたのです。あなた方は光の狼煙（のろし）であり、宇宙エネルギーの錨（いかり）であり、伝導体であることは前にも言った通りです。

このようにして、エネルギーが増大し、変換と再生をもたらすエネルギーを吸収していくにつれて、身体がいろいろな影響を受けている、それが今のあなた方の状況です。いつその結果が出るのだろうと思っているかもしれません。確かに感じてはいるけれど、肉体的な顕現がいつ終わるのだろうと思っているでしょう。もうすぐです。あなた方の想像よりもずっと近い将来です。ですから、ちょっとしためまいや不快感はあまり気にしないことです。これはすぐに終わります。それに取って代わるものは、あなた方が畏怖を覚えるような素晴らしいものです。新しい意識、新しいヴィジョン、新しいスピリチュアルな才能、新しい知識、そして、やがて新しい身体があなた方のものとなるのです。

これまで体験してきたよりも困難なことを体験する必要はもはやありません。大いなる変化の最も困難な部分はすでに達成したのです。残りの道のりは、あなた方の言い方を借りれば、「楽勝!」です。この大いなる変化を楽しんでください。本当の自分への帰還を楽しんでください。

あなた方の進化のこの局面を完了したことは大いに喜ぶに値する達成です。そして、さらなる高みへと旅は続きます。愛する人たちよ、あなた方が私たちの世界に到達した時に手を広げて「お帰りなさい」と言って迎えるのを楽しみにしています。あなた方は愛されています。お帰りを待っています。アーキエンジェル・マイケルとマスターの方々より愛と祝福を送ります。

第5章　テレパシー能力を目覚めさせる方法

――質問――

メッセンジャーにお聞きします。高次元の世界からの情報をできるだけ真実に近い形で受け取ることができるように、テレパシー能力をどうすればより完全なものにすることができるのでしょうか。

今という時にあって、この質問はとくに重要なものです。というのは、できるだけ多くの人が、ずっと昔に失ってしまったテレパシー能力を意識に戻すことが不可欠だからです。それは、あなた方の間でのコミュニケーションだけではなく、高い次元の世界とのコミュニケーションにおいても重要です。

必要な時には誰でも、高次元から直接、情報を得る能力を身につけることが絶対に必要です。これから、至るところで非常に重要な出来事が次々と起こりますが、そんな時、時間がとても重要な要素になるでしょう。必要な情報やガイダンスを私たちの世界から送る唯一の方法は、一つひとつの魂に直接伝えることです。一人のチャネラーにだけ情報を伝えて、その情報が必要なすべての人に必要な時間の範囲内で伝わると期待するのは無理です。直感でそのメッセージを受け取るか、テレパシーの力を使って受け取るか、方法は問題ではありません。一人ひとりが自分の内なる声に波長を合わせることが必要です。あるいは、高次元の世界の〈放送局〉の周波数に合わせる必要があります。

それでは、そのような能力を達成する最善の方法は何でしょうか。まず第一に願望がなければなりません。強く、しかも献身的な願望です。この願望があれば、私たちもその人と個人的に関わりを持つ許可が出たものと考えます。「私たち」とは、ガイド、先生、宇宙の兄弟、天使、天国の指導者の組織などを意味します。第二に、浄化のプロセスが必要です。つまり、鍛錬された心のあり方が必要です。別な言い方をすると、静かに座って、コミュニケーションを始めますよという静かな促しを待つことができる能力です。

チャネルになることを望む人は皆、最も高遠な真理に献身し、情報を自分の利益を考えずに分かち合うことに献身しなければなりません。エゴのバランスをとる必要があります。別な言い方をすれば、エゴを馴らさなければなりません。そうすれば、高次元からの情報はその人を通して来ているのであって、その人から発しているのではないことが人にも分かるのです。情報が流れる伝導管になるわけですが、情報の質と真実性はチャネルになる人がどれだけ自分のエゴと意識を脇に置くことができるかにかかっているのです。

こういうわけですから、純粋な心が必要です。そして、しっかりとした目的意識、この能力を達成すべく開発（再開発）しようという献身的な思い、それからあなた自身の能力に対する信頼、さらにあなたが受け取りはじめるであろう情報に対する信頼が必要になります。

一つ練習をしてみましょう。

静かに座ってみてください。守護のために自分のまわりを光で囲んでください。神の力・父にして、母なる神に敬愛の思いを捧げます。あなたのハイアーセルフに、あなたのエネルギーにいちばん合っている先生かメッセンジャーを送ってくれるように頼んでください。

目に見えない世界にも、地上と同じように、専門能力を持った存在がいます。あなたが代数も分かっていないとすれば、微分方程式の情報をチャネルすることは不可能です。医学用語や詳細な音楽に関する情報についても、そういった語彙（ごい）ないしは才能があなたのメモリーの中に入っていなければ不可能です。そういう場合には、高次元の存在があなたを通じて情報を伝えようとしても非常に難しいのです。

そういう領域についてすでに専門的な知識を持っている人たちがいるのですから、そのような情報についてはそういう人たちに任せておけばよいのです。そのような人たちがチャネルした情報やメッセージを読んだり、探したりすればよいわけです。

あなたが願望するべきこと、それは必要なことでもあるのですが、あなた自身あるいは周囲の人たちに関係のある情報を受け取り、伝えることのできる能力です。すべての人が、一般大衆の人びとに伝えるべき重要な情報のチャネルになる運命を背負っているのではありません。

次の段階は、あなたの意識をクラウンチャクラ*（↓巻末用語）に置き、それからその三十センチほど上に置くことができる能力を発達させることです。

あなたのスピリットを上昇させてみてください。意識が上昇していって、高次元のマスターたちと出会っている自分を感じてみてください。肉体の意識を後ろに置いて、上昇してエーテル界に入って行きます。すると、私たちはあなたのエネルギーを感じ、あなたと一緒にワークを始めることになります。

上に向かって昇っているように感じるでしょうが、実際には、それは自分の内面へと向かうプロセスです。最初はそっと押されるような感じがするかもしれません。しかし、努力を続けるうちに、それはだんだん強くなっていくでしょう。

最初は、具体的な質問を考えることから始めましょう。ある程度慣れてくると、より一般的な情報を受け取ることもできるようになりますが、最初は具体的なことから始めた方がよいでしょう。「はい」か「いいえ」の答えが可能な質問から始めてみるのもよいでしょう。一つの質問をして、「はい」

か「いいえ」の刺激があなたの意識にやって来るのを待ちます。

私たちは、あなた方がこうして私たちのところにコンタクトしてくるのを待っています。できるだけ多くの人が来るのを待っています。あなた方全部がやって来ても何の問題もありません。私たちはあなた方全部と同時に話しをすることもできます。愛する人たちよ、私たちは無限の存在なのです。

それから、神聖なるスピリットのチャネルになりたいと希望すると、浄化のプロセスが加速されますから、その覚悟が必要です。そのようにしてやって来た忠告に耳を傾け、実行に移すことを私たちは願っています。遊び半分の人や、ただ好奇心からやってみようというような人たちのところへは、私たちは行きません。そのような遊び半分の気持ちであるならば、高次元の世界とコンタクトしようなどとは思わない方が賢明です。そんなことをすれば、アストラル界＊（→巻末用語）の悪さをする存在や、満たされていない存在があなたのところにやって来て、道を迷わされることになります。

次元の間のヴェールはどんどん薄くなっています。その結果、エネルギーは非常に強くなっていて、高次元からのコミュニケーションを受け取るという素晴らしい贈り物をますます多くの人たちが入手できるようになっています。しかし、まず最初に、あなたが一歩前に足を踏み出して、「私は準備ができました」と宣言しなければなりません。

初めは、毎日、同じ時間をこのために決めておくとよいでしょう。こうすればあなたの心の良い訓練にもなり、マスターたちにもあなたが真剣であることが分かります。愛する人たちよ、私たちはあなた方を完璧な状態にするためならば天をも、地をも動かすつもりでいるのです。この探究をするにあたり、心を光で満たし、スピリットを光で満たしてください。私たちはあなた方以上にリアルな存在であること、あらゆる可能性に満ちた宇宙のドアをあなた方のために開けようと私たちが待っていることを知ってください。

愛する人たちよ、私たちと一緒に「本当の世界」を取り戻しましょう。それは喜びの世界、愛と美とやすらぎの世界、私たちがあなた方と自由に、喜びのままに関わることができる世界、私たちという存在をあなた方が確認できる世界です。

あなた方の努力を待っています。質問を待っています。あなた方の一人ひとりと楽しく交わり合えるのを待っています。どうぞ、どうぞ、私たちと一緒に来てください。天国の音楽を、歌声を聞いてください。私たちと一緒に、宇宙意識の満ち干(みひ)の流れに入っていきましょう。そこは、普遍的な神の心が住む場所であり、あなたがすべてのことを知る場所です。私たちはあなたが目を覚ますのを辛抱強く待ってきました。目を覚ます時間です。どうぞ私たちのところに来てください。

アーキエンジェル・マイケルとマスターの方々に愛されていることを知ってください。

第6章　やすやすと優雅に浄化のプロセスを通る方法

浄化のプロセスを体験しなければならないと自覚することがとても重要です。あなた方の中には、これは常に快適な体験ではないと感じる人もいるでしょう。しかし、この体験は比較的簡単にもできれば、非常に困難にもなり得るものです。すべてはあなた次第です。

何か肉体的な問題が出てきたり、人間関係がギクシャクしてきたり、お金に困りはじめたならば、エネルギーの流れに何か問題があると思ってください。浮上している問題は、バランスをとる必要がある領域を代表しています。それは、身体が、感情体や精神体、スピリットとしての自分とバランスをとっていく必要があるのと同じことです。これまでの人生で残された問題や未解決の問題が噴き出しているわけですが、それは、これを限りにすべての問題を解決できるようにするためなのです。

あなたのソウルセルフ*（→巻末用語）があなたを助けているのです。助けてもらっているようには思えないかもしれませんが、事実です。あなたにとって未解決の問題にすべて直面し、そのバランスをとる必要があります。そうした問題の数は、あなたがこれまでどれだけ内なる心のワークをしてきたかによって様々ですが、これをやることによって、スピリチュアルな成長を遂げることができるのです。

カルマの車輪から解放されるためにはカルマの五一パーセントを完了ないしは解決することが必要

である、と言われたことを思い出してください。五一パーセントのカルマが解消されれば、幻想のほとんどをクリアしたことになります。その時、あなたは聖なる道をしっかりと歩みはじめ、マスターとして働きはじめます。すると、喜びが満ち溢れ、道はスムーズになり、あらゆる可能性の世界にどんどん足を踏み入れるにつれて、あなたは歓喜に包まれ、心はときめきでいっぱいになります。

愛する人たちよ、この贈り物は自分で勝ち取らなければなりません。様々な必要条件があります。それをすべて満たさなければなりません。でも、そのような条件をすべて満たしたことがどうすれば分かるのですか、とあなたは問うかもしれません。あなた自身の魂の美しさを映し出している人びとを自分のまわりに引きつけるようになった時です。彼らの目の中にあなた自身を見ることでしょう。あなたが質問を発すると、まるで魔法のようにその答えが現われます。時には答えがパッと心に浮かぶこともあるでしょう。あるいは、藪(やぶ)から棒に誰かがその答えを教えてくれるかもしれません。読んでいる本の中に、映画やテレビの番組の中にさえ答えを見つけることもあるでしょう。

お金がたくさん手に入って、それを頂いて楽しみ、そして溢れる豊かさを、お金を最も必要としているところに流してあげる時、あなたはそれを知るでしょう。あなたのハートがいっぱいに開いて、魂が歌を口ずさみ、黙っていることができずに、耳を傾けてくれる人がいればその喜びを分かち合わずにはいられなくなった時、あなたには分かります。

それは大事に包んでしまっておくものではありません。分かち合うべきものです。これが条件の一つです。あなた自身のスピリチュアルな遺産を常に自覚し、まだ目には見えない愛情に満ち、しかも生命力を持ったエネルギーを感じる時、あなたはそれを知るでしょう。

愛する人たちよ、これはすべてあなた方に約束されていることです。これまでの不快な体験は、このためであればそれだけの価値があったのではないでしょうか。

一つひとつの新しい挑戦を喜んで受け入れてください。この人は私に何を教えようとしているのだろうか？　この人は何を私のために鏡に映してくれているのだろうか？　これを体験する必要があるということは、私が何か間違った理解をしていることを物語っているのだろうか？　とすれば、それは何だろうか？　身体は何を教えようとしているのだろうか？　耳を傾けてください。調和を欠いているのでしょうか？　身体が必要としているもの、たとえば健康な食べ物、運動、健康な考えを与えているでしょうか？　皆さんもご存知のように、考えや思いは食べ物なのです。

愛する人たちよ、時間が迫っています。あなた方は今、必要とされています。しかし、最初にあなたが住んでいる家の大掃除をしなければなりません。身体のバランスをとらなければなりません。必要なものはすべて手に入れることができます。しかし、依頼しなければなりません。そして、信じなければなりません。それから、それを受け入れ、承認しなければなりません。そして、行動をとります。あなたがすでに体験して学んだことを分かち合わなければなりません。エネルギーの流れを滞らせてはいけません。それを他人に手渡してあげて、新しい、さらに深い学びの道を開くのです。あなた方はただ学びのためにここにいるのではありません。あなたの魂のために、いま起こりつつある進化のプロセスに積極的に参加するためです。後ろに取り残されないでください。

宇宙の時の中で、つまり現代の人類が地上に姿を現わして以来、スピリチュアルな目覚め、スピリチュアルな成長、そしてスピリチュアルな変化のための機会が、今ほど熟したことは一度もありませんでした。エネルギーが、叡知が、愛が、大いなる変化のための光が、あなた方を待っています。望むだけのものを入手することができます。ほんの少ししか望まなければ、ほんの少し入手することになるでしょう。莫大な量を望めば、莫大な量を入手できるでしょう。しかし、あなたには地球における乗り物である身体を浄化するという責任があります。そうすることによって、本来のあなたである奇跡的な存在をつくり出すこれらのダイナミックな新しい力が入ってくる道を切り拓くのです。今日はこれでお別れです。あなた方はアーキエンジェル・マイケルとマスターの方々によって愛されています。

第7章　芽吹きはじめた光の意識

きょうお伝えしたいのは、心の細部を自覚しそこに注意を払い、スピリチュアルな性質と物質的な性質の間に生じる機能的なプロセスに注意を払うことによって、あなた方の現実が創造されるということです。その注意の払い方によって、アセンションの道を歩むあなたの進歩が加速されるか、停滞するかが決まります。

三次元的な現実に深くのめり込んでいると、一般の人たちのエネルギーの流れの言いなりになるか、その影響を受けることになります。あるいは、アストラル界から来る感情の波のなすがままになってしまいます。ご存知のように、アストラル界は物質的な世界に浸透し、相互に関わり合っています。

エネルギーをクリアにして、これまでの古いパターンを手放し、生半可な真理や間違いを手放すと、あなたの意識は広がり、より精妙なものとなります。これは光の意識が芽吹きはじめたということであり、より新しく、より純粋な真理が意識に浸透しはじめたということです。

さて、あなた方の多くが自覚していないことがあります。それはこれらの高遠な真理はあなた方のスピリチュアルな意識ないしは魂の記憶の中に埋め込まれていて、姿を現わすべき時を待っているということです。しかし、そのためには準備が必要です。スピリチュアルな意識の中に貯蔵されたレベルの意識にまであなたが到達し、それを意識の中に取り入れることができるようになった時、次のレベルのガイダンスがやって来て、スピリチュアルな調整が行われます。

あなたの魂、それはスピリチュアルなあなたの本質ですが、また、あなたのハイアーセルフは、これまでに獲得した洞察力を失うことは決してありません。といっても、すべての人がこのレベルの意識を物質的な局面まで降ろして、肉体的な存在としての自分、または肉体としての自分の生き方の中にそれを取り入れるというわけではありません。

肉体、感情体、精神体、霊体を完璧なものにしていくと、統合されたエネルギーが臨界点に達し、魂のエネルギーがあなたのハイアーセルフないしはオーバーソウルに吸収される時が来ます。この時点で、二つのレベルの存在の間には完璧な相互関係と調和が存在します。そして、次のレベルの意識を統合する道が開かれます。すると、あなた自身の高次元の意識の一部として、自らのキリスト意識から直接指示を受け取る準備が完了します。これが、創造主のもとへ戻るアセンションの旅の決して終わることのないプロセスなのです。

愛する人よ、これがアセンションです。イエス・キリストのように目もくらむような光が一閃(いっせん)する瞬間にアセンションする存在もいます。しかし、一度に一つのレベルをクリアしながらアセンションの道を歩む魂の方がずっと多いのです。今はグループでアセンションする時です。

あなた方の中で先頭に立って道を切り拓いている人たちは、自らが模範になることによって兄弟姉妹を助けることに合意した人たちです。あなた方は、とくにこの任務を遂行するための準備として、この道を何度も旅してきました。あなたの生命の流れが今、最高点、一つの結論に到達しようとしています。それは生命の流れそのものが終わるということではなく、このレベルの生命の流れが終わるということです。

すべてのものが進化しなければなりません。いかなるものといえども、静止状態にとどまることは不可能です。今、流れが二つに分かれつつあります。前進する人たち、上昇する人たちといってもよいですが、それと、別な三次元の現実に戻って、意識の旅を歩みつづける人たちです。現在、進化するための準備ができていない人たちは、次回のアセンションのリーダーになるでしょう。あなた方もそのような立場にいたことがあるのです。こういう風に、この計画は公正であり完璧です。彼らが忘れられることはありません。置き去りにされるわけでもありません。彼らが卒業する時がまだ来ていない、ただそれだけです。

主流から外れて、大衆の先頭に立って進んでいく人が少数ですが必ずいます。彼らは、勇敢で、類まれな魂であり、勇気をもって夢を抱き、勇気をもって他人とは異なる道を歩む人たちです。彼らはしっかりとしたヴィジョンを持ち、そのヴィジョンの中で自分に本来の自分を忘れさせない人たちです。

それでは、こういうことはあなた自身にとって、あるいはあなたのまわりの人たちにとって、具体的に何を意味するのでしょうか。それは、あなた方が理解している社会の構造が変化の真只中にあることを意味します。忠誠の対象は変化し、従来のあり方や行動パターンは役に立たなくなるでしょう。より高いスピリチュアルな道を歩む人たちにとって、これまでのような結婚はそれほど重要なものではなくなり、一人の人ではなく、多くの人に焦点を絞ることになるでしょう。一人の人にだけ時間とエネルギーを捧げるという、言うなれば贅沢は許されなくなるでしょう。数多くの人たちと関わるようになり、より大きな家族、スピリチュアルな意識の統合体からエネルギーや意識を引き出すことになるでしょう。将来、あなた方の仕事や任務を遂行するのに必要な最高のレベルで機能するためにはそれが必要です。

あなたの力、そして目的への献身が最も重要です。物質世界における諸々のつながりのバランスをとるようにということはすでにお話ししました。あなたの知っているものや愛しているもののすべてを放棄する必要はありません。しかし、あなたがそのために訓練を受け、委託された責任に注意を向ける必要があります。

愛する人たちよ、あなたの魂とともにいてください。高次元の自分と意識を合わせていてください。なぜなら、メッセージと指示が、加速度的なペースであなたのところにやって来るからです。待機と準備の時期は終わりました。行動の時がいま始まりつつあります。

想像できると思いますが、意識のレベルは様々です。したがって、私たちのメッセージが、今という時にすべての人によって注目され、理解されることはありません。私たちは、異なった波動と、異なったレベルのメッセージを伝えます。あなた方の一人ひとりが、それが自分に向けられたメッセージであればそれと分かるはずです。なぜなら、そのメッセージはあなたの存在の深いところで共鳴するからです。

一つひとつのメッセージから、自分のために正しいと感じるものを受け取ってください。スピリチュアルな存在としての自分を一〇〇パーセント認め行動する準備ができていないからといって、失望しないでください。そのことに関して罪の意識を持つ必要もありません。イニシエーション（通過儀礼）のプロセスと同じように、準備ができている人もいれば、準備ができていない人もいるのです。ブラザーフッド＊（→巻末用語）の異なったレベル、ないしは高次元のイニシエーションに関しては常に秘密がありました。この知識の仲間に入れてもらうためには、自分で努力して勝ち取らなければなりません。ただ、むやみに与えられるものではないのです。そのプロセスが加速されています。できるだけ多くの人に到達し、指示を与えるためです。あなたやあなたと同じような人たちの重要性がここにあります。あなた方は神聖な光を伝え、光の錨となるだけでなく、自分に与えられている情報を伝えているのです。それによって他の人たちが自らのスピリチュアルな性質に目覚め、あなた方の生き方を見ることによって、それはうまくいくということを知ってもらうのです。

愛する人たちよ。どうぞ、あなた方の責任の外套をまとってください。あなた方がこれまで勉強し、祈り、瞑想してきたのはこのためです。これこそ、あなた方が望んでいたものです。あなた方の努力は無駄ではありませんでした。あなた方の運命が成就する時が近づいています。喜んでください。喜んでください。あなた方はアーキエンジェル・マイケルとマスターの方々によって、常に導かれ、愛されています。

第8章　「スターカインド」の誕生

きょう私たちがお話ししたいのは新しい意識についてです。自分自身の考えや、行動、他人とのやりとりを、毎日、あらゆる瞬間に観察する人になることが極めて重要です。そうです、寝ている間の行動についてすらそうするのです。夢を見る時間、意識がおぼろげな時間の活動についてもそうすることが重要です。愛する人たちよ、感覚を目覚めさせてください。十全な、新しいあなたの創造と新しい環境の創造の、生き生きとした参加者になってください。あなたのまわりで、あるいはあなたの内部で働いている精妙なエネルギーや小さな奇跡に気づいてください。

この一カ月の間に起こったことを思い出し、観察してみてください。この間に、あなた方の多くは様々な方向に旅をして、様々なことを体験しました。素晴らしい体験もあれば、心悩む体験もありました。振り返って、どのくらいあなたが変化したかを感じてみてください。一カ月というわずかな時間の間に、どれほど多くのことが起こったか、実感してみてください。あなた方の中には、このような変化が自分自身の中に起きているのが分からない人もいるかもしれません。しかし、あなた方の内部でも外部でも信じ難いほどの変化が起きています。どうぞ、私たちの言葉を信じてください。

あなた方の時間の枠組み、あるいは出来事の構造がものすごいスピードで動いているために、ついていくのはほとんど不可能で、何か落ち着かない気持ちになり、調子がおかしいと感じているかもしれません。心に銘記して欲しいことは、あなた方の地球は変化の竜巻の真只中にあるということです。進化のスパイラルは驚くべき変化で動いており、大体において、これはすべての存在にとって良いことです。

これはあなた方にとって何を意味するのでしょうか。あなた方の誰もが、意識的に、また無意識的に、「どうすればよいのだろう？」と言っています。あなた方の地球に、四次元と五次元の世界が結晶しはじめているという事実を知ってください。境界線が引かれはじめています。ここは光の地帯、ここはまだ暗闇の支配地帯、ここはまだ抑圧が行われている場所、ここは光の意識が完全に解放されつつある場所、というようにです。

今、人びとが体験している困難は、新鮮な光を最も必要とされている場所にもたらすために必要なのです。そうです。三次元の世界の塹壕（ざんごう）の中で身を守ろうとしている人たちの注意を引くためには必要なのです。

あなた方の一人ひとりが、今いるべき場所に導かれています。おそらくは、惨事が予測されている場所や、犯罪率の高い場所、ストレスでいっぱいの不景気に低迷する場所かもしれません。あなたにはこうすることの目的が見えないでしょうか。あなた方はバランスのために必要とされているのです。錨（いかり）となっているのです。マスタープランにおいて、あなた方が最も力を発揮できる場所に戦略的に配置されているのです。愛する人たちよ、保証しますが、あなた方は安全です。あなた方はあらゆる瞬間において守られています。あなた方が内なる自分と波長を合わせている限り、繰り返しますが、常に、何をなすべきか、どこにいるべきかに関して情報を受け取るでしょう。それは、もちろん、あなたが剥奪、破壊、大変動といった現実を信じなければの話です。あなたの人生でこれは必要でしょうか。あるいは、そういう教訓をあなたは必要としているでしょうか。私たちは必要であるとは思いません。

再び繰り返して言いますが、重要な時が迫っています。グループをつくるとよいでしょう。三人、四人、九人、十人、大きなグループでも、小さなグループでも結構です。とにかく、グループをつくってて一緒に集まってください。できるだけ頻繁に集まることです。そして、一緒に学び、瞑想し、祈ってください。お互いをサポートし、力づけ、情報を分かち合ってください。お互いを助け合って、毎日毎日の瞬間がこの上なく大切であることを実感するのです。あなたの考えや行動に気をつけてください。愛する人たちよ、あなた方は非常な力を持っているのです。

あなた方は悟りを求めてきました。そして、あなた方の多くが夢にも思っていなかったほどの進化を遂げました。しかし、マスターになりつつある存在であるあなた方は、次元上昇したマスターの方々と共同で創造する存在でもあるということを知ってください。あなたの個人的な宇宙に、愛とバランスと平和と調和を創造するようにとの指示を受けているのです。個人的な宇宙とは、あなたの身体、スピリット、心、あなたの家、家族、近隣、あなたが住む町、国、そして地球です。すべてのものがより速いスピードで振動しはじめています。破壊的な結果が起こらないようにこのエネルギーを吸収し処理する唯一の方法は、意識的な自覚と助け合いです。

あなた方の多くは様々な理由で引っ越したいという衝動を感じたことがあるはずです。これは適切な動きであるかもしれません。とくに、すべてが順調にやすやすと行く場合にはそうです。しかし、パニック状態に陥って、怖れからそうしてはなりません。思い出してください。どこに行っても、あなたは自分自身を連れて行きます。自分の意識も連れて行きます。破壊と大変動への恐怖が心の奥深くにあれば、どんなに遠くに逃げたとしても、そうした出来事を引きつけ、それは必ず起こるでしょう。あなたのソウルセルフから隠れることはできません。あなた方の中には、スピリチュアルな家族や仲間が別な場所に移動してしまったために、苦痛を感じ、悲しんでいる人がいることは知っています。

愛する人たちよ、これには目的があるのです。あなた方は計り知れないほど長い別離のあとで今やっと一緒になったのですから、ここで再び別れ別れになることはありません。しばらくの間、地理的には別れ別れになるかもしれませんが、再び一緒になります。それに、思い出してください。スピリットにおいては、別れ別れになることは不可能です。何百マイルも離れていても、テレパシーで意識的にコミュニケーションをする能力が持てる時がまもなくやって来ます。今は、無意識にそれをやっているのです。数多くのスピリチュアルな贈り物があなたのものとなるでしょう。それは、あなた方が浄化のプロセスを完了し、叡知と識別をもってそれらの能力を行使する洞察力を得るにつれてやって来ることでしょう。

これから、様々な出来事がさらに加速度的な展開を見せることになるでしょう。不安が増大し、絶望感が募り、さらに悲惨な状態が訪れるでしょう。三次元の活動や考え方につかまらないようにしてください。同情の思いを持ち、世界中にあなたの光を広めてください。しかし、混乱に巻き込まれてはなりません。この時点でのあなたの目的の一部は、光とエネルギーを、近づいている選挙に集中的に送ることです。最もふさわしく、最も高度な魂の進歩を遂げた人たちが政府の要職に就くヴィジョンを持ってください。状況に関して光に満ちた理解が得られることを依頼し、あなたの信念に従ってください。誤った道に導かれることはありません。

あなた方は今、種として、一つの惑星として、重要な局面に突入しているところです。それは、神の他の被造物と一緒になる、いわば故郷に帰る進化の旅における一つの局面です。あなた方が次の階段ないしはスパイラルまで進むことは疑いありません。あなた方の太陽系、銀河、宇宙も同じです。しかし、それが優雅にやすやすと達成されるでしょうか。わずかな調整と再編成だけで達成することができるでしょうか。それとも、大変動と破壊が必要でしょうか。これが緊急な問題であり、あなた方の一人ひとりが重要であるゆえんです。

愛する人たちよ、あなた方は賞讃に値します。あなた方は皆、一生懸命、献身的に努力してきました。あなた方は違いをつくりました。新しい世界秩序におけるあなた方の場所は保証されています。しかし、あなた方の地球が、長年にわたって予言されてきた試練を経ることなく、大いなる飛躍を遂げることができるかどうかまだ定かではありません。私たちが緊急な問題としてこのことについてあなた方に語りかける理由はここにあります。あなた方に怖れを抱かせたり心配させたりするためではなく、この状況がすぐそこまで来ていることをしっかりと理解してもらうためです。

あなた方は自分が持っている力がどれほどのものであるかを理解しているでしょうか。団結の力、目的に焦点を絞った時に発揮する力がどれほど偉大なものであるか分かっているでしょうか。愛する人たちよ、これこそが、今という時におけるあなた方の使命です。毎日、毎晩、瞑想してください。それよりも、生きた瞑想になって、目を覚ましているすべての瞬間において、すべてのものにとっての最高の目的に焦点を絞ってください。

それから、あなた方の愛と力を結集して、光とエネルギーの子午線をつくり、力をあなた方の間に流し、光として放出して、天国へ、そして母なる大地の中心へと送り込んでください。このエネルギーの流れを心の中で想像し、それが成長し、どんどん大きくなり、他の力とつながり、さらに強化され、貫き、周囲に拡大し、光と愛の枠組みをつくっていくのを見てください。この枠組みが地球を安定させ、地球に住む人びとを光り輝くキリストエネルギーの波動で包み込み、それによって地球は静かに優雅に次の次元へと流れていくのです。愛する人たちよ、これがあなた方の目的です。

あなた方がますます献身的に活動し、持てる能力とエネルギーをますます活用するにつれて、あなた方の能力とエネルギーは十倍になり、さらにまた十倍に増大することになるでしょう。あなた方は皆、次元上昇したマスターの方々によって導かれ、数え切れない天使たちに個人的にケアされているのです。

あなたの人生、そしてあなたの意識に違いを感じることができませんか。もはや一生懸命に努力する必要もなければ、一人で歩く必要もありません。その時代は終わりました。今は一体になる時です。人類が一体になり、ヒューマンカインド（人類）とスピリットカインド（スピリットの存在たち）が一体になる時です。あなた方はもはや私たちから分離している必要はありません。私たちもあなた方から離れている必要はありません。私たちはこうして再び一緒になれたことを本当に喜んでいます。

ヴェールが取り払われ、再びあなた方とコミュニケーションをはかり関わりを持つことができるレベルまで、あなた方の意識が到達するのを私たちは長いあいだ待っていました。あなた方の多くにとって、このプロセスは終わりに近づいています。あなた方の中には未知の世界、それは巨人が住む世界ですが、そういう未知の世界へと飛躍する準備ができている人もいます。そして、いったんその一歩を踏み出した後に、あなた方の多くは兄弟姉妹がスピリチュアルな自分に目覚める助けをする選択をするでしょう。そして、一緒になって新しい世界の秩序を築き、新しい「スターカインド」とでもいうべき人類（マンカインド）となり、この美しい地球に平和と調和をもたらすことでしょう。

あなた方は自分がいかに広大な存在であるかを意識するようになり、ソウルセルフの中に隠していた才能や真理の多くを思い出すことでしょう。愛する人たちよ、あなた方はすでにマスターであること、それを忘れただけであること、そして今こそそれを思い出す時であることを知るでしょう。愛する人たちよ、今こそ本来の自分になる時です。聞いてください。そうすれば、答えが与えられるでしょう。聞いてください。そうすれば、答えが心の中に浮かぶでしょう。聞いてください。そうすれば、次のステップが示されるでしょう。求めてください、信頼してください。そうすれば、すべてが与えられるでしょう。

あなた方一人ひとりの中に必要な力と叡知のすべてがあります。なぜなら、あなた方はマスターの方々とのコミュニケーションの直通回線を開いたからです。愛する人たちよ、指示は様々なモードでやって来ますが、確実にやって来ます。これらのメッセージを受け取って心から信じる人は次のことを保証されるでしょう。

あなたはハイアーセルフ*(→巻末用語)**、そしてマスターの方々と直接コミュニケーションをしている。**

耳を傾け、感じ、吸収し、それから伝えてください。あなたは聖なる光とエネルギーの狼煙（のろし）です。地球と人類の進化にとって欠かせない存在です。あなたはアーキエンジェル・マイケルとマスターの方々によって愛されています。

第９章　ホワイトゴールドのエネルギーの注入

愛する光のマスターたちよ、私は最も神聖にして高い場所から親愛の挨拶を送ります。あなた方が深く愛され、尊敬されていることを知ってください。アセンションと呼ばれるこの神聖にして大いなる出来事においてあなた方が達成した進歩を、私たちがいかに喜んでいるかを知ってください。あなた方が体験している不安や焦慮の一部を取り除く仕事を私たちにさせてください。あなた方は目標を達成しつつあります。表面的にはそのように見えないかもしれませんが、これは事実であることを知ってください。

光を求めるあなた方の多くがどれほどのプレッシャーを体験しているか、あなた方がこれまでどれほど苦しい思いをして忙しい生活をしてきたか、スピリチュアルな成長に集中したいとどれほど深く願っているか、私たちは知っています。

あなた方の世界の常として、達成しなければならない任務があり、完遂するまでにやらなければならない事柄があります。それはイニシエーションの試練ないしは試験の一つです。あなたの献身と識別力、この世界での任務や責任を喜びをもって意欲的に果たすために自分を訓練する能力が試されているのです。物質世界の事柄を手放す時はまだ来ていません。あなた方がそれをどんなに切望したとしても、まだその時期ではありません。あなた方は生活のこまごまとした事柄や様々な俗事にきちんと対処していく必要があります。

今やっていることや体験していることの多くは二度とやって来ない、あるいは完了しつつあるとあなた方は感じていますが、その通りです。あなた方の人生体験のある領域を完了して、要約している、そういう感じです。キリスト意識が入った思いの種を一度しっかりと意識の中に植えると、別な言い方をすれば、一つのレッスンをしっかりと学ぶと、そのレベルの体験は乗り越えたということを、あなた方の多くは理解していません。人生の出来事の多くを一人で切り抜けなければならない理由はここにあります。より高いスピリチュアルな意識から行動するというコミットをあなたがした時、初めて私たちは援助の手を差しのべることができます。その時、初めてあなたが歩む道をスムーズにすることができます。あなた方は体験の意味と真理を自分の力で把握しなければなりません。

自分のハイアーセルフにアクセスできるレベルに到達すると、つまりエゴに引き回されるのではなく、エゴと個性を魂の導きのもとに置くようになると、あなた方に神聖な光をますます注入することができるようになります。その光は叡知と調和をもたらすものであり、大衆の意識からあなたを守ってくれるものでもあります。

すると、あなたは魂の意識をさらに自分自身の内部に取り入れ、素晴らしい、新しいエネルギーセンターを、心臓と喉の間、胸腺のあたりに新たにつくることになります。そして、個性やエゴの意識からではなく、魂の意識から機能するようになります。これによって、あなたの意識は拡大され、四次元の高い意識を持つようになります（それぞれの次元には五つの局面があり、それぞれの局面には数多くの下部局面があります）。

こうして、感情体と精神体を統合し、バランスをとり、やがて五次元の周波数の中に入るための準備がなされます。五次元の周波数の中で、あなたのキリスト意識とつながりはじめ、あなたの身体的な存在に火をつけて、アセンションの準備がなされます。

いまや地球は、再生の準備として四次元の高周波数を固定しました。この新しい意識、新しい宇宙の意識の中に足を踏み入れることができるというのは偉大な贈り物です。未来のいつかではなく、今ここで起きているのです。地球は進化と精妙化の道を非常なスピードで動いています。この最も祝福された変化の一部となりたいならば、周波数を上げなければなりません。そうすることによって地球との調和がとれ、進化を遂げている人類の仲間との調和を達成することができるでしょう。

愛する人たちよ、レベルがどこであれ、自らの完成を目指して努力している人のすべてに私たちは話しかけています。今という時に、あなた方がなすべきことでいちばん大切なことは毎日毎日、今という瞬間に心を定め、自分自身の中に、そしてまわりの人たちの中に愛と調和を創造することです。

責任をあなたのパートナー、家族、友達、雇い主、政府など、あなた以外の存在に押しつけてはいけません。自分自身のあり方に関して自分で責任を持たなければなりません。違いを起こすことができるのは**あなた**であり、変化を起こすことができるのも**あなた**であり、奇跡を起こすことができるのも**あなた**です。

あなたには、信じられないような力、想像もできないような力があります。今あなたが為すべき仕事は、あなたに注ぎ込まれている神聖な光を固定し、あなた自身を通じて、地球に、太陽系全体に、銀河系に注入し広めることです。あなたはこの大いなる変化の時を一人で経験しているのではありません。あなたが成功するかそれとも失敗するかは、この宇宙、および神が創造されたすべてのものに影響を与えることになるでしょう。

私たちにはあなたのためらい、そして絶望感が感じられます。あなたは心の奥深いところで疑問を発しています。「これがすべて本当であるなどということがあり得るだろうか？　目に見えない世界からの援助があるなんてあり得るだろうか？　大きな変化がやって来るなんて本当だろうか？」

あなた方は任務を委託され、信じられないほどの長い時にわたって育まれ、導かれてきました。それを、今になってあなた方を見捨てるなどということがあり得るでしょうか。あらゆる手段を用いて、私たちの存在を感知してもらい、希望と励ましのメッセージを伝えるために可能な限りの努力を払っているのは、なぜだと思いますか。あなた方は巨大な光の軍団の一員であり、それぞれが、果たすべき任務を持っており、成就すべき運命があるのです。あなた方の数え切れないほどの学びの体験が今、頂点に達しようとしています。父にして母なる神と強力な光の軍団が、ずっとずっと昔につくり命令を発した記念碑的な計画において、あなたにふさわしい役割を引き受ける準備が整ったのです。

ここで、一つの極めて有益な瞑想のプロセスをプレゼントしたいと思います。このプロセスによって、創造主からの純粋にして神聖なエネルギーをますます自分自身に引きつけることができるようになり、それがひいては、あなたのハイアーセルフ、「ありてある我れ」に至るまっすぐな道をしっかりと固定し、清めてくれることになります。あなたのハイアーセルフと「ありてある我れ」は、あなたのスピリチュアルな成長と統合のために献身している存在です。

意識を頭上三十センチほどのところに置いてください。キリストエネルギーが脈打ち、波のように押し寄せてくるのを感じてください。そのエネルギーがあなたの全身を完全に包み込むのを感じてください。

キリストのエネルギーはホワイトゴールドです。そのエネルギーが頭上から徐々に降りてきてクラウンチャクラに入ってくるのを感じてください。しばらく、クラウンチャクラの中にそのエネルギーを止めて、頭全体に浸透させ、松果体、脳下垂体、脳細胞のすべて、そして第三の目*(↓巻末用語)にも浸透させてください。エネルギーがどんどん増えていっぱいになり、これで完全に一〇〇パーセント充足したと感じるまで浸透させます。それから、エネルギーを喉のあたりに流してください。エネルギーの光が、喉の腺や筋肉の一つひとつを満たしてゆきます。そして、喉の領域がエネルギーを与えられ、活性化され、それによってあなたは神聖な光の叡知と愛を学び、体現して、生きることができるようになります。また、神聖な光の叡知と愛を識別しながら、明確に伝えることができるようになります。

次に、この光のエネルギーを心臓の中心部に浸透させてください。この光によって癒しと浄化が行われるのを感じてください。そこに残されていた痛みや苦悩がすべて洗い流され、あとには純粋に脈打つキリストの膨大な愛のエネルギーだけが残されます。胸に光のエネルギーがいっぱいに満ちるのを感じてください。スピリチュアルな鎧(よろい)がつくられているのです。こうして注入される完璧な神の愛にしっかりとつかまっている限り、マイナスのエネルギーは絶対にこの鎧を貫くことはできません。

キリストのエネルギーが感情の中心部であるハートチャクラ*(↓巻末用語)を浄化するのを感じてください。孤独感や心の傷、苦しみの感情が滞って記憶として残っていたものが、バランスを取り戻し、解放されるのを感じてください。思い出してください。今、いちばん大切なのは感情の中心部です。というのは、あなた方がマスターになるという贈り物を受け取るためには、感情体のバランスを完全なものにしてコントロールできなければならないからです。

マスターは、すべてのエネルギーセンターを常に完全にコントロールできなければならず、破壊的なゆらぎは許されないからです。これはあなた方にとって達成が最も難しい領域であることは私たちも理解しています。あなた方が協力してこのために努力を開始すれば、これが最も容易に、かつ最小限のストレスを感じるだけで達成できるように、あらゆる手段を使ってあなた方を導き、援助の手を差しのべるでしょう。

プロセスの続きです。この大切なエネルギーが身体の残りの部分を流れていくようにしてください。

この光は身体にエネルギーを与え、浄化してくれます。そして、余ったエネルギーは手の指、足の指から流れ出してゆきます。これは地球へのあなた方のプレゼントになるでしょう。愛情を地球に注射してあげるのです。これによって、地球が次元の上昇をする中で体験しているストレスや痛みが軽減されます。

ハートチャクラで止めずに、残りのチャクラにも光を注ぐべきであると、あなた方は思うかもしれません。しかし、この言葉をもって答えたいと思います。このメッセージを読みながら、私たちのエネルギーとの一体感を感じ、私たちのメッセージが真実であると感じているとすれば、あなた方は確実に意識をエゴのレベルから遊離させ、そして純粋に肉体的なレベルから切り離して、存在の魂のレベルに移行させたのです。

このエネルギーを存在の高次な変容のために、中心部に注入することによって、あなたの肉体、および身体のすべての器官が恩恵を受け、バランスが回復するでしょう。あなた方は物質の世界に存在し、そこで機能しなければならないのは事実ですが、焦点は肉体ではなく、ライトボディー*（→巻末用語）に当てなければなりません。あなたの肉体は、完璧へと向かうあなたに自然について来ます。

できれば、朝と晩にこの瞑想を行ってください。要する時間は数分間ですが、大きな恩恵をもたらしてくれます。これによって私たちがいつでもあなた方と直接コンタクトして、忠告したり、守ったりする道が開かれるからです。あなた方の献身と愛情に満ちた光は、私たちを高め力づけてくれるのです。それは、あなた方の献身と光によって物質界のあなた方の兄弟姉妹が力づけられるのと同じです。

きょうはこれでお別れです。しかし、あなた方は常に守られています。あなた方はスピリチュアルな世界組織と光のマスターの方々によって常に囲まれ、守られています。私はアーキエンジェル・マイケルです。この真実をあなた方にもたらす者です。

第10章　スピリチュアルな鎧で身を固める

あなたのまわり、そして他の世界や次元においてて何が起こっているかについての、あなたの自覚と知覚は日ごとに増大しています。あなたは本当の意味で多次元のレベルで機能しはじめています。これによって何が可能になるかといえば、高次元から来る思考形態とインプットの統合が可能になります。高次元からの情報に直接アクセスできるようになると、外部の情報源に頼る必要はなくなります。したがって、神聖なスピリットのレベルから機能することになります。

あなたが眠りから目を覚ます時、常に意識がはっきりしているわけではありませんが、眠っている状態でもあなたは非常に活動的であることを疑わないでください。眠っている時に、様々な訓練を受け、教育を受けているのです。あなたの内なる身体の変容が加速され、助成されています。イニシエーションのプロセスの多くは、あなたが眠っている時に行われます。眠っている時にはスピリチュアルな身体が肉体の制限を受けません。あなたがこのようなプロセスを自覚できる時がまもなくやって来ます。しかし、今のところはこれが起こっていることを知ってもらえば十分でしょう。

あなたの存在の最も深い部分から外に向かって働いている変化のプロセスの結果を、あなた方は感じはじめています。最初にハートソウル*(→巻末用語)の場所、すなわちハートチャクラが拡大するのを自覚するようになったはずです。完全に愛情を持って受け入れることの充実感と喜びです。自覚が最初の一歩で、その後すぐに統合が続きます。ハートセンターに焦点を合わせて、あなたの高次元の意識、ハイアーセルフのガイダンスに心を開いた時にどのように感じたか、あなたは気づきはじめています。そして、高次元と一体になった状態から抜け出して三次元の思考に戻った時の違いにも気づいたはずです。それは何か不快で重い感じで、あなたは、あの喜びに満ちて、軽やかで、愛に満ちた感情を取り戻したいと思いました。

これが過去一年くらいの学びのプロセスの概要であったと思います。それから、徐々に光が身体の他の部分にも忍び寄るようにして入り込み、今では、この神聖な光で身体全体が満たされているように感じています。この素晴らしい物質で身体がいっぱいになっていて、時には、何かが身体を大きくしようとして中から身体を押しているかのように感じることもあります。体内が空ろ(うつ)で何もないような感情を体験しつつあります。まるで、本当のあなたが肉体の境界線によって縛られているような感じです。このような感情、ないしは考えは、あなた方にとって馴染みのないもので、必ずしも感じのよいものではありません。

鏡に映る自分を見ると、そんなに違っているようには見えません。それなのに、内面ではどうしてこんなに違った感じがするのだろうと不思議に思っています。そうではありませんか。愛する人たちよ、外見にだまされてはいけません。あなたの肉体と自らのスピリットのレベルで、現在いくつかのプロセスが進行中です。

第一に、あなたのスピリチュアルな身体とエーテル体*(↓巻末用語)、そして意識が非常な飛躍を遂げたために、それ以外の下等な身体が追いつくのに時間がかかるということがあります。

第二に、身体の細胞や身体器官の中に蓄積されている、古くて時代遅れの停滞したエネルギーを、あなたは今でも解放しようと努力しているのです。そのうえに、はるか昔の記憶の細胞の中に蓄積されている昔ながらの考え方をも手放しているところです。

三次元の大衆意識の思考とエネルギーパターンから一歩踏み出すというのは、非常に勇敢な行為であり、実行が難しいことです。あなた自身の思考パターンや条件づけと戦う（ある意味で）だけでなく、アストラル界の下部局面と地球のまわりを取り囲んでいる大衆意識の思考パターンとも戦わなければならないからです。あなた自身を愛情に満ちた聖なる光とエネルギーで囲んで守ることが大切な理由の一つは、ここにあります。悪霊が攻撃するとか、マイナスの破壊的なエネルギーが何らかの形であなたに影響を与えるということではありません。あなたは進化した結果、すでにそれは超越していて、もはやそのような下等なエネルギーの影響を受けることはありません。しかし、エーテル界*(↓巻末用語)およびあなたのまわりに渦を巻いている大衆の情緒的なエネルギーのパターン、思考プロセス、一般的な考えの影響は受けやすい状態にあります。

そのようなわけですから、自覚が必要です。そして、スピリチュアルな鎧（よろい）で身を固めておく必要があります。とくに、非常に多くの事件が世界中で起こっている今という時代にはそれが必要です。ますます情勢が悪くなっていくように思われるでしょう。実際にそうなります。十分な数の人びとの意識にシフトが起こるまで状況は悪化の一途をたどりますが、それから良い方向に向かいはじめます。

神聖な光によって守られ、三次元の否定的なエネルギーのレベルを超越したあなた方は、あたかも台風の目の中にいるかのように、まるで安全で静まり返った避難所にいるように感じるでしょう。実際にその通りになるでしょう。混乱した状況から一歩身を引いて、感情をバランスのとれた状態に保つことが非常に大切です。これは、愛を感じたり、愛を表現したり、感情的な性質を認めてはならないという意味ではありません。それはあなたという存在の重要な部分です。あなたのまわりで起こる状況に関して苦痛や不安の思いを表現しなければ、まわりの人はあなたが無感覚で無神経な人であると思うでしょう。

そうではなくて、あなたはマスターとしての気品に満ちた行動をとるのです。静かに、優しく、愛情をもって傍らに立ち、見守り、必要とあれば援助の手を差しのべ、裁かずに状況をあるがままに認めるのです。なぜなら、起こっていることにはすべて理由があり、目的があることをあなたは知っているからです。

愛する人たちよ、あなた方の愛情に満ちた聖なる光をできる限り広範囲に広めてください。導かれてあなたのところにやって来る人には相談にのってあげてください。どのような行動をとるかによってあなた方は知られることになるでしょう。あなたの神聖な光と叡知を必要とする人びとは、あなたのもとに惹かれてやって来るでしょう。

古いエネルギーのパターンや、カルマの問題に関して心を煩わせることはありません。必要な変化を恐れず、あなたのハイアーセルフに変化のプロセスと時期を見守る許可を与えれば、変容をもたらす紫色の光があなたのために奇跡を起こしてくれるでしょう。

あなた方の多くは奉仕活動への呼びかけを切望してきました。自分の使命が何であるかはっきりと分かるようにと、依頼し、祈ってきました。愛する人たちよ、今この瞬間に、あなたがいる場所で始めてください。あなたが感じている真実とインスピレーションの力と愛を体現し、呼吸し、周囲の親しい人たちに伝えてください。輝かしい新しい未来についてのあなたの思いを広めてください。隣人や同朋である人間はみな本質的に善良なる存在である、という信念を広めてください。真実と愛は真実と愛を生み出し、どんどん増殖してあなたのまわりに充溢（じゅういつ）します。その充溢した愛と真実をあなたのまわりの世界に伝えるのです。

絶望、憎しみ、怖れもまたそのエネルギーを増殖させて、あなたを押さえ込みます。常にあなた自身から始まって、それが外に広がってゆきます。あなた自身のために、そしてあなたが愛する人たちのために、どちらの世界をあなたは築いていますか。

スピリチュアルな強さを身につけていくにつれて、ますます多くのものが与えられるでしょう。新しい意識、新しいスピリチュアルな贈り物、新しい人間関係などなど。これまでの友人や知り合いは失うかもしれませんが、新たなダイナミックなグループや友情に導かれていくことでしょう。それらの人びととあなたは運命を分かち合い、目的を分かち合うことになるでしょう。ご存知のように、祈りは必ず通じます。しかし、神の手に委ねる時、最善にして最適なタイミングで祈りに対する答えはやって来ます。あなた方の人生の中で最も興奮に満ちた時が急速に近づいていることを知ってください。それが起こる時、後ろを振り返って昔のあり方に戻りたいなどと思うことはないはずです。

一日一日を心を込めて生き、瞬間瞬間を愛してください。魂の中心部とハートの中心部にいつもいてください。あなたを必要としている人たちに献身的な愛を与えてください。今は日常生活のこまごまとした仕事をきちんとやることが大切です。人類のために奉仕したいというあなた方の願い、人類のために役に立ちたいという願望は無視されているわけではありません。私たちにはあなた方の声が聞こえます。あなた方の仲間の声が聞こえます。一歩踏み出して、スピリチュアルな旗を手に取る時は急速に近づいています。

あなた方は大いなる変化に急速に近づいています。ずっとずっと昔から予言され、様々な時代をこだまして伝えられてきた大変化が起ころうとしています。それはあたかも、地球が、太陽系が、銀河系が、そして宇宙が、停止して、息を凝らし、宇宙のエネルギーが爆発して、すべての存在を次のより高次な世界へと上昇させてくれるのを待っているかのようです。「神・女神・ありてあるもののすべて」がお住まいになる、精妙にして純粋な世界に、より近づくのです。

聞いてください。そうすれば、その声は私たちに聞こえます。呼んでください。そうすれば、私たちはあなた方と力を合わせて一緒に仕事をすることにしましょう。あなた方が持っている愛をすべて送ってください。そうすれば、私たちはそれを千倍にしてあげましょう。あなた方の理想は私たちの理想でもあります。なぜなら、あなた方が進化すれば、宇宙も進化するからです。あなた方はアーキエンジェル・マイケルと神によって常に愛されています。常に守られています。

第11章 決断の時はいま

次のステップは何だろう？　ここからどこに行けばよいのだろう？　あなた方の多くがこのような質問を発しています。そして、近い将来に関して不快感を感じ、不安を覚えています。神聖な光の中で行動し、四次元で機能し、さらなる高みを求めている人たちにとって、近未来は何をもたらすのでしょうか。さらに、それ以降の年月は何をもたらすのでしょうか。

私たちの答えはこうです。高次元からのメッセージがいかに正当であるかについての具体的な顕現が次々と起こり、人びともまたその正当性をいよいよ実体験することになるでしょう。高次元の世界からあなた方の世界の現実と統合させる目的でもたらされていた新しい意識についても、同じことが起こるでしょう。私たちの存在に関して正当性が実証され、愛情に満ちた確言・マントラ・祈りを用いて懇願し、一生懸命に三次元の生活に応用してきた努力が報いられることになるでしょう。

人間という存在のあり方や学びについての古代からの教えや決まりは、もはや通用しません。時代遅れです。あなた方が進化した結果、そのような教えは応用しようにも役に立たなくなってしまったのです。したがって、新しい決まり、新しい叡知のメッセージがやって来ます。それらのメッセージはあなた方の想像力の拡大を強く求めるでしょう。あなた方の思考や現実の境界線にプレッシャーが加えられることになるでしょう。新しい概念が次々にやって来ます。健康・食糧源・ライフスタイル・高い霊性を達成するための方法から、電磁波の科学的応用や地球のエネルギー源に至るまで、あらゆるものについての新しいフォーミュラ（公式）がやって来ます。

あなた方は七つの偉大な光線について勉強し学んできました。これはあなた方の肉体的な局面の色のスペクトルであり、身体の七つのエネルギーセンター（チャクラ）*（↓巻末用語）です。あなた方はこの知識を日常生活に組み入れ、意識の中に組み入れようと努力してきました。

愛する人たちよ、今はこの学びをさらに未来のあなたという存在へと持っていく時です。これまであなた方は一つの主要な光線、そして一つまたはそれ以上の下部光線の影響下にありました。しかし、今はすべての光線とエネルギーをあなたという存在に統合する時です。さらに五つの高次元の精妙な光線を今や入手できるのですが、それを活用するためにはまず七つの光線を自らの中に統合することが必要です。もはや一つの領域にだけ努力を集中してはなりません。あなたの性質のすべての側面のバランスをとらなければならないのです。これらのエネルギーを融和し融合していくにつれて、身体のチャクラセンターが活性化されてゆきます。やがて、それらのエネルギーは溶解して目もくらむような、きらきらと輝く白い光となって渦を巻き、八番目、九番目、さらに高次のエネルギーセンターを活性化します。それによって、あなたの完璧な五次元のライトボディーに至る道が切り拓かれ、あなたの高次なキリスト意識、そして「ありてある我れ」を自覚する道が開かれるのです。

次に、これまで一生懸命に努力して、愛情とゆるしの思いに満ちた性質を形成し、他人を裁かない道を歩み、魂、つまりハイアーセルフと同じ波長にとどまろうとしてきた方々に語りかけたいと思います。あなた方の直接的な体験の中では、争いや悲嘆をもたらすような出来事はますます少なくなることに気づくでしょう。外部の出来事や他の人びとによって影響を受けることがますます少なくなってゆきます。ハートセンターに莫大な量の愛情と同情の思いを持ってはいますが、外部で起こる出来事があなたに対してマイナスの影響を及ぼすことは許しません。あなたの完璧な現実の世界が揺るがされることはありません。

あなた方は五次元の現実を建設するプロセスの中にいます。それはあなたの内奥から始まり、外側に広がってゆきます。最初に、それはあなたおよびあなたの身体に影響を与え、それから家庭、あなたが愛する人たち、近隣、住んでいる町、というようにどんどん広がってゆきます。あなたの現実が、神聖な光の中にいる兄弟姉妹の現実とつながる時、さらに強さを増し、五次元の建設は加速されます。愛と思いの力に基づいた献身的な行動によって、あなた方が何を創造しているか理解できたでしょうか。

これから、ほんの短い期間ですが、エネルギーが静かになることがあるでしょう。これは、最近あなたおよび地球に向けられてきた膨大な量の、加速されたエネルギーを同化する絶好の時間になるでしょう。この時間を利用して、様々な技術を完成させ、新しい知識を統合し、新しいあり方や行動の様式を強化してください。というのは、小休止のあとで、地球に向けられたエネルギーの加速と衝撃が再び開始されるからです。

あなたの意識の中で、そしてまた他の人びとと言葉を交わす時に、この新しいエネルギーの注入がさらなる破壊と暴力と悪い現象をもたらすことのないようにという決断を、いま下してください。このエネルギーに焦点を合わせて、肯定的な形・モード・達成に変えることができます。このエネルギーが、光に心を開いていない人たちの間で大暴れしないようにできるのです。

あなた方はライトワーカーであり、ますます力強い存在になっています。したがって、現在地球に入ってきているエネルギーの多くを同化して、プラスをもたらす行動へと振り分けることができます。そのエネルギーが、貪欲と自己破壊を基本にして行動している人びとの方へと引き寄せられ、利用されることのないようにするのです。

注意力を集中して、肯定的な思いと愛情に満ちた力づけをあなたの国の政府に送ってください。政治家に、これ以上の愚行や腐敗は許せないこと、自己の利益だけを考える立法者に国を任せるわけにはいかないと思っていることを知らしめるのです。彼らには説明責任があり、国民の血税を浪費して国を破産させ消滅させるのを手をこまねいて傍観するつもりはないことを知らしめるのです。

スピリチュアルな意識の宇宙の網はきつく絞られてゆきます。この網のエネルギーはますます強化され、微妙なレベルまで調整されたために、光の波動に合わない人たちはますます不満を覚え、ますます不快になり、ますます苛立っています。彼らは自らの立場を明らかにせざるを得なくなるでしょう。もはや、「日和見（ひよりみ）」は許されないのです。神聖な光と真実の道を受け入れる機会は事あるごとに与えられるでしょうが、自由意志の法則はいまだに働いていて、究極的には彼らが選択しなければなりません。

したがって、これから数年の間、人びとの人生には非常に大きな違いが起こることになります。神聖な光と生命の道を選んだ人たちには、様々な素晴らしい奇跡が起こるでしょう。そういう人たちの周囲にもまた奇跡が起こります。暗闇と否定性という三次元の牢獄を選んだ人たちは、この牢獄の束縛によってますます締めつけられ、身動きがとれなくなって、苦しさのあまり叫び声をあげることになります。なかには降参して、暗闇の中から光の中へと導かれる人も出てくるでしょう。しかし、多くの人たちはこれまでの習慣から抜け出せず、古い考え方やあり方にどっぷりと浸かりきって、抜け出すことができないでしょう。破壊的な大惨事を体験することになるのは、これらの可哀いそうな魂です。自らのネガティブな思考形態によって顕現される破壊的な力を体験することになるのです。

あなた方の愛情に満ちたやすらぎの思いを送ってあげてください。紫色の変容の炎から生まれるマジックパワーを送ってあげてください。しかし、ネガティブなエネルギーや一般大衆の怖れのパターンに巻き込まれてはなりません。距離を保ち、感情的に離れていることが必要です。物質的にであれ、精神的にであれ、霊的にであれ、導かれるままに援助の手は差しのべてください。しかし、四次元と五次元の現実にとどまっていなければなりません。愛する人たちよ、忠告しますが、これは非常に重要なことです。あなた方の感情体と精神体を再びネガティブなエネルギーの抑制に任せるならば、何の目的も達成することはできず、何の役にも立つことはできません。

常に観察者であることです。常にハートの中心部にとどまり、魂に心の焦点を置いてください。そうすることによって、あなたのまわりに存在する目に見えない世界の力と叡知を引き出すことができます。心にどんな考えを抱くか、どんな言葉を使うかに注意してください。思考のパターンや感情のあり方をきちんと制御できれば、まもなくマスターの仲間入りをすることになるでしょう。

愛する人たちよ、あなたの卒業の時が迫っています。あなたが毎日やることは同じであるように思えるかもしれません。時にはわくわくするようなことがあり、時には退屈なことしかありません。しかし、私たちの言葉を信じてください。表面には見えないかもしれませんが、様々な事柄が進行しており、様々な事柄が達成されているのです。スピリットの仲間たちと集いを持ち、愛情いっぱいの交歓会を持ち、お互いを励まし合ってください。そんな時は、私たちもあなた方と一緒にいることを知ってください。あなた方はアーキエンジェル・マイケルとマスターの方々によって常に愛され、常に守られています。

第12章　人も地球も豊かであること

きょうは、思考のプロセスをより自覚することによって、時代遅れの考え方を解き放つお手伝いをしたいと思います。明確に思考し、毎日の生活の中で昼も夜も自分がどのような感情や思考形態を宇宙に向かって発しているかに心を向けることが極めて重要です。と言いますのは、四次元の高い部分や五次元で機能するようになると、感情や思考が非常なスピードで顕現するからです。あなたは今、美しいものを創造していますか。やすらぎや調和を創造していますか。それとも、あなた方の世界を席巻(せっけん)しているマイナスのエネルギーに貢献していますか。

一つの例として、豊かさについてお話ししてみましょう。今、世界中の人たちが仕事やお金について心配しています。仕事がない、お金がない、これからどうなるのだろう、食糧は大丈夫なのだろうか、という不安と焦慮が世界に満ちみちています。

あなたは豊かさに関してどのように感じていますか。愛と健康と富と繁栄を享受する価値が自分にはあると思っていますか。おそらくはそう思っているかもしれません。そして、毎日毎日、富と豊かさは私のものであるという確言を唱えているかもしれません。しかし、あなたは大金持ちの人たちを見る時、軽蔑と不信の目で見ています。大金持ちの人たちが富を分かち合ってすべての人の幸せのためにお金を使わないことに関して、裁きの思いを抱いています。あるいは、そういうお金持ちの人たちは下らない人間であり、尊敬に値しない人間であると考えています。
知っていただきたいのですが、あなた方もまた、数多くの人生において富や権力を乱用したことがあります。これは学びの一つのプロセスであることを知ってください。彼らが教訓を学ぶことを認めてあげて、彼らの裁判官になったり陪審員になったりしないことです。彼らを裁けば、あなた自身の豊かさのドアを閉めることになります。大金持ちになるだけで幸せになれるわけではないことを学ぶには多くの時間が必要であり、魂の進化が必要です。周囲を見渡してください。大金持ちの人たちの多くが、どれほど惨めで満たされない思いで生活しているかを見てください。

この宇宙の美しさ、富、お金のすべては、あなたが望めば入手可能なものです。しかし、すべてのものに関してもそうであるように、これらの贈り物には規則と責任が付随しています。これらの贈り物はしっかりと手に握るものではありません。気持ちの上でも軽々と受け取るべきものです。一時的に預かっているものであって、自分をチャネルとして流してやり、すべての人たちが享受できるように戻してあげるべきものです。すると、さらに素晴らしい贈り物があなたのところにやって来るでしょう。これらの贈り物は貯め込んで隠すべきものではありません。あなたの宝物を維持し、手放さないようにするために、たくさんの時間とエネルギーをかけることは適切ではありません。お金についての誤った考え、お金に固執する気持ち、お金や所有物が重要であるという考え、こうしたものが様々な問題の原因となり、不幸をもたらすのです。

すべてのものを創造主に向かって手放さなければならないということは、書物で読んだこともあり、教えられたこともあるはずです。この世界であなたが大切にしているものはすべて喜んで放棄する気持ちがなければならない、という教えです。これは真理です。逆説的ですが、その時はじめて、すべてのものがあなたに与えられるでしょう。なぜなら、そうした時、お金は幸せをもたらしてはくれないということを悟るからです。

あなたの安全と幸せは富にあるのではなく、スピリチュアルな意識にあります。スピリチュアルな意識においてはすべてが可能です。その時、あなたは豊潤な生活を享受し、心ときめく美と優雅さの中で毎日を送り、地上に天国を顕現します。地球はまさに天国となるべきものであり、まもなく、再び天国となることでしょう。

あなたは自分自身に聞いてみなければなりません。「私が豊かさについて本当に信じていることは何なのだろう?」。潜在意識の奥深くに入って、過去世または現在の人生の中にある問題は何であれ解決しなければなりません。そうすれば、あなたの表層意識と深層意識がハイアーセルフと同じ波動となり、善きもの、完璧なもののすべてを受け入れる気持ちになるでしょう。その時、豊かさが人生にどんどん流入してくることを許し、それから、その豊かさが世界に向かって流れていくのを許すことができるようになるでしょう。

大いなる富と豊かさを願望し求めることを怖れてはなりません。そうすることによって、富をどのように活用することができるか、すべての人びとの幸せのためにどのように分かち合うことができるかを、他の人びとに示すことができます。それは、他の人たちをあなたに依存させたり、「あなたよりも私の方が偉いですよ」という態度の善行者になるのではありません。生活を改善しようとして努力し、より高貴な目的に到達しようとしている人びとのために機会をつくり、インスピレーションを与え、富のより平等な分配を確立するのです。与えるべきものとして、また受け取るべきものとして、これはなんと素晴らしい贈り物であることでしょうか。

あなた方の国の富、そして世界中の富が、それほど遠くない未来に再配分されることになるでしょう。不正直な手段で富を手に入れ、欲とぜいたくと権力と尊大さを基盤として行動している人びとから、富は取り上げられることになるでしょう。国や個人のレベルでも、手から砂が流れ落ちるように富は消えてなくなり、戻ってくることがなくなるでしょう。そして、その富が奇跡的に、より高い意識へと進化を遂げた人びとのもとにもたらされるでしょう。かくして、人類は一つであることを悟った人びとの手に委ねられた富は、人類全体に恩恵を与えるために再配分されることになるでしょう。

一人の人、あるいは一つの民族が病んでいれば、すべての人が、すべての民族が苦しみます。それは、あなたが胃癌にかかれば、あるいは何であれ生命を脅かされる病気にかかれば、身体全体が苦しむのと同じことです。病気はしばらくの間は一カ所にとどまっていますが、やがて急速に広がり、身体全体が衰弱し、やがて身体全体に広がり、身体全体が破壊されます。

あなたの国でホームレスとなっている人たち、とくに、風光明媚で気候が温暖な環境にいるホームレスの人たちは、アフリカやアジア、あるいはその他の恵まれない国でホームレスになっているのではないことに感謝すべきです。彼らには感謝すべきことがたくさんあります。これらのホームレスの人たちが、毎日、徐々に自分の豊かさに対して責任をとり、感謝と期待の思いを創造するならば、たくさんの奇跡を体験することになるでしょう。

ホームレスの人にとって感謝すべきことなどあるだろうか、とあなたは言うかもしれません。温暖な気候、太陽の光、励ましの言葉とともに援助の手を差しのべてくれる同情心の厚い人たち、人びとの寛容な態度や、理解ある態度です。これは、世界の他の国々の人びとに比べれば非常に顕著なものです。ホームレスの人たちに食べ物を提供し、心に潤いを与えることに献身している人たちがいます。時間とエネルギーを、惜しみなく愛情を込めて提供している人たちです。これらの人たちはまことに賞讃に値する人たちであり、その努力に対して大いなる祝福が与えられることになるでしょう。

これと関係したもう一つの誤解についてお話ししたいと思います。あなた方の多くが、いろいろな問題に関して十分努力していないという理由で、罪の意識を抱いたり、混乱しているようです。この問題について説明させてください。

あなた方の一人ひとりが、この人生で一つの使命を果たすべく生まれてきました。一つの運命を成就するために生まれてきました。それはすべての人生についても言えることです。あなた方の誰もが、数多くの人生において人類のために奉仕する人生を生き、理想のための殉教者となり、他の人びとのために自らの安楽と幸せを犠牲にしたことがあるのです。ニューエイジの尖兵であり、光の旗手であるあなた方には違った使命があります。

それはより広大な規模の使命です。肉体の食べ物を必要としている人びとのお世話をするという使命ではなく、魂の食べ物を求める人びとに食糧を与えるという使命です。どちらの使命も等しく大切なものです。なぜなら、肉体の食べ物を手に入れ、肉体が快適な状態になって初めて、存在はスピリチュアルな完璧さを目指すことができるからです。このようなわけですから、貧しい人たちに食べ物を与え、世話をすることに直接関わっていないことに対して罪の意識を持つ必要は決してありません。あなた方は高次元の世界と協力しながら、新しい意識に焦点を定め、その意識をチャネルしているのです。それは新しいレベルの進化であり、この進化の中で、いつの日か、高次の存在のあり方においては欠乏・貧困・欠如などというものは存在しないことを、すべての人びとが理解することになるでしょう。そして、これが運命であることをすべての人びとが理解することになるでしょう。

地球の波動のレベルが高まるにつれ、そして人間の身体がより精妙な波長に共鳴するようになるにつれて、一般の人たちの意識にも変化がやって来るでしょう。あなた方は、想像し得る限りの富と豊かさを入手する資格がある存在だという意識を持つようになるでしょう。財産や貯め込んだ宝物を守ったり、ドアに鍵をかける必要はなくなります。なぜなら、誰もが享受できるだけのものがあるからです。あなた方の意識の境界線を真の意味で通り越して、すべての人類はあなた方の兄弟であり姉妹であると知った時に実感する喜びは、なんと素晴らしいものでしょうか。

すべての創造物の富を止めている水門が開かれ、富があなた方の地球を自由に流れていくことでしょう。「兄弟愛、平和、豊かさ」、愛する人たちよ、これこそがニューエイジです。それは明日起こることはありません。来年起こるものでもありません。しかし、すでに始まっています。雨後のタケノコのように急速なスピードで進行中です。アメリカ政府も、他の国々の政府もハートのレベルでの変化を体験しつつあり、新しい意識を持ちつつあります。自らのハートセンターにアクセスして、自らの行動と人びとの幸せに責任を持つあり方が徐々に生まれつつあります。権力・コントロール・自己中心的なあり方はもはや許容されなくなり、隠し通すことはできなくなります。

国の政府にこれ以上、面倒を見てもらうことは、あなた方のためになりません。政治家は、リーダーとして、同情心を持った責任者として範例となることがその責任です。そして、それぞれの州、地域が自給自足を達成し、独立した意識を持ち、持続可能な状態になることが彼らの任務です。政府による干渉はこれ以上必要ではありませんが、政府による方向づけは必要です。

愛する人たちよ、このようなわけですから、あなた方の感情と思考プロセスをより精妙なものにする努力を開始してください。世界中が体験している混乱と苦しみによって、完璧さについてのあなた方の認識が曇ることのないようにしてください。平和と豊かさと調和に、心の焦点を合わせてください。なぜなら、それはすべてあなたから始まり、外へと広がっていくからです。完璧さに向かうスピリチュアルな進化の道の一歩一歩が、成し遂げる達成の一つひとつが全体への貢献になります。〝平和をこの世界に実現しよう。そのために、まず自分から始めよう〟という歌がありますが、これは計り知れないほどに深遠で、ダイナミックな言葉です。

これからの数年は極めて重要な年になるでしょう。この際、これまであなた方が達成したことを真剣に数えてみてください。どんなに長い道のりを歩んできたか、その間にどのようなことがあったか、思いを馳せてみてください。そしていま現在、あなた自身の中で、あなたの身のまわりで、何を解放する必要があるか、何を解決する必要があるか、真剣に考えてみてください。

新しい年を迎える時には、あなたの生活のすべての領域においていかなる不調和もない状態で迎えてください。人との関係であれ、仕事であれ、自分自身の中で未解決の問題であれ、すべて調和のとれた状態にして新年を迎えるのです。あなたのハイアーセルフ、ないしはキリスト意識との交流を妨げているものが何であれ、そのバランスをとるのです。


愛する人たちよ、素晴らしい意識の贈り物があなた方を待っています。あなたという存在のより偉大な部分との交流・交歓の道を切り拓いていくにつれて、ずいぶんと自分を有限な存在にしてしまったことに気づくことでしょう。あなた方本来のアイデンティティーを再び自分のものとする時です。完全な全体という贈り物に到達するべく努力すると、自分自身に約束してください。今この瞬間から、あなたの第一の目標は、あなた自身の様々な部分を統合して、はるか昔に初めてこの惑星にやって来た時の完璧な光の存在になることです。これをあなたの使命にしてください。その使命を達成するためにあなたが一歩一歩を歩むその近くで、私たちは常に見守っています。あなた方はアーキエンジェル・マイケルとマスターの方々によって愛されています。

第13章　鳴りわたる集合ラッパ

愛する光の子どもたちよ、創造主のメッセンジャーであり僕(しもべ)である私たちは今、ラッパを吹き鳴らします。「すべての光の軍団は姿を現わし団結するように」との召集ラッパです。長い年月にわたり宇宙の様々な場所に散在していたあなた方が、今、祝福された惑星、地球に集結し、新しい意識・新しい統合・新しい現実の誕生に手を貸そうとしています。

あなた方はスピリチュアルな家族から別れ、高次元の意識からも別れ、神の心との一体感からも切り離されてきました。そして、二元性の網と制約に自らが絡め取られるのを許してきました。たとえば、脳の機能における二元性があります。影の自分を確立して、それを自分の敵であると考え、その敵を征服し克服するためにはそれを否定し、戦わなければなりません。それから、男性エネルギーと女性エネルギーは自分の外にあるという二元性の考え。この二つのエネルギーは、自らの内部で活発に機能していることを知らずにそうしているのです。あなたが戦うべきは、これらの内的なエネルギーのバランスをとることであって、あなた方の現実像を実証する外的なエネルギーのバランスをとることではありません。

あなた方は富と豊かさを確立し、それから、欠乏と貧困を確立しました。あなた方は偉大な知識を獲得するための学校をつくりましたが、叡知は自らの内面にあるということを忘れてしまいました。叡知のない知識は空ろなものであり、様々な事実や数字で頭の中がいっぱいになるだけです。バランスと調和の感覚の創造の助けにはなりません。あなた方は、肉体的な存在やエゴ、そして頭脳の働きが宇宙の支配者であると考えるようになりました。スピリットや神はどこかあなた方の手には届かない場所に追いやってしまいました。あなた方は、善と悪、正と非、光と闇、強さと弱さ、神聖と邪悪、優秀と劣悪、あなた対他の人たち、あなたの考え対他の考えという、二元性のシステムを信じるようになったのです。

こうしたもののすべては、分離感や孤独感を高め、かつつくり出すために創造されました。創造したのは分割と征服によって力を得ることができる存在です。

愛する人たちよ、その時代は終わりました。

今は、神の力と自らへの統合を再確立する時です。あなた方は神の力の一部なのです。まず第一に、あなた自身の数多くある分身のすべてを、調和と愛情が脈々と息づいた聖なる光の乗り物の中に再統合しなければなりません。あなたの脳構造との交流を再確立し、脳構造の調和を再びしっかりとしたものにしてください。あなたの脳は叡知と力を持った完璧に機能する組織体であることを知ってください。そうすることによって、長年使用されなかったために減じてしまったあなた方の潜在的な能力の多くが点火され、かつ再びつながることになります。あなた方の内部にある男性エネルギーと女性エネルギーを調整して、再び統合してください。さらに、あなたの影の部分に愛と光を集中的に注ぐのです。影の部分もあなたのために十分役に立ってきたのです。ここで休戦を宣言すれば、貴重な知識を分かち合ってくれるでしょう。

自分の価値・愛・成功・真実について承認を得るために、あなた自身の外側を見ることをやめなければなりません。スピリチュアルな自覚、幸せ、豊かさ、そしてアセンションのために必要なものはすべて、あなたの中にあります。あなた自身の中に、あなたの「ありてある我れ」が存在し、あなた自身の個別化されたキリスト意識があります。それはどこか遠くにあるのではなく、あなた自身の中にあるのです。

あなたの内部にある神聖な叡知と知識は、長年にわたって分断され、削除され、あなたの自覚から遠ざけられてきました。しかし、それは今、再編成され、電源につながれ、強化され、新たなものが付加されています。それは、あなた方が再び自らの根源である神聖性を悟ることができるようにするためです。

また、あなた方はツインフレーム（ソウルメイト）から分離され、スピリチュアルな家族から切り離されました。これは、独力で自分自身の体験と教訓に従って機能する状況をつくるために必要なことでした。あなたはスピリチュアルなユニットを構成する統合的な部分であり、神聖な全体の一部であり、あなたにしか供給できない独自性を全体に貢献しています。したがって、あなたは一人で打って出なければなりませんでした。少なくともそのように見えたはずです。時々、ツインソウルやスピリチュアルな家族を垣間見ることはありましたが、たいていは夢の中で会っていました。しかし、あなたが挫(くじ)けそうになったり、敗北寸前の状態になると、この三次元の物質世界の中でそのような出会いがありました。それは、あなたに長くて苦しい戦いを続けるための勇気と希望を与えるためでした。

愛する人たちよ、その時代は急速に終わりに近づきつつあります。今、あなた方のスピリチュアルな家族が、一人ひとり集まっています。スピリチュアルな家族であると分かった時のめくるめくような喜び、愛の思い、一体感、それは何物にも例えようのないものです。これでもう、一人きりで努力する必要はない、皆が持っている叡知や知識・才能を分かち合い、未知にして地図のない領域に、手を取り合って、肩を組んで、愛情に満ちた目的の絆(きずな)で結ばれ、励まし合い、力づけ、助け合い、シナジー*(→巻末用語)と数の力学によって新しい意識と力を得ながら、勇気を持って力強く足を踏み出すことができます。

数多くのツインフレームが奇跡的に結ばれ、地上で肉体を持っての最後の人生を完了しようとしています。ついに一体となって完全性を達成した彼らは、神聖な合一を成し遂げ、パートナーを探しつづける代わりに、完全な高みを達成します。あなた方の多くはこの人生体験をパートナーなしで完了する選択をするでしょう。そういうあなた方も、愛情や気持ちの面での必要なサポートは全面的に得ることができるでしょう。それは数多くの人たち、男性や女性によって素晴らしくかつ深遠な形で与えられるために、かつては非常に重要であると考えていた一対一の関係を恋しがることはないでしょう。

愛する人たちよ、どんなに絶望的な感じがしても、どんなに無力に感じても、どうぞ、内的な統合のプロセスを開始してください。私たちはあなた方の周囲に強力な天使と助力者の軍団を配しました。助力を求める願望さえ発すれば、道が開かれるでしょう。あなたが歩むべき道が明らかに示されるでしょう。もはや、ためらっている時間はありません。何物にも例えようのない素晴らしい贈り物が今、あなたに提示されています。しかし、それを受け取るためには、まずあなたが同意し、心を開かなければなりません。

あなたの人生のすべての領域を検証し、バランスを欠いている部分、調和が乱れ、統合されていない領域をチェックしてください。神聖な意識の燃え盛る炎の中にいる自分を想像し、今いちばん注意を必要としている領域がどこであるか見せてくれるようにと依頼してみてください。旧弊な使い古しの自分を守るための殻は手放してください。虚栄心、自分を疑う気持ち、怖れ、孤立感、自分には何の価値もないという無力感などは手放す時です。今、ここで約束してください。あなたのハートセンターから、愛情と切望の思いを持って、全体的な存在としての自分の統合に再び向かってください。

それは、あなたの本来の姿であるマスターになるということです。それから、あなた方のスピリチュアルな家族を構成する数多くの素晴らしい存在たちと一緒になってください。これこそは、あなた方に歩み出して欲しいと私たちが思っている大きな一歩です。

私たちは今、次のように呼びかけています。

愛する人たちよ、団結せよ。力を結集し、宇宙を力強く行進する時が来た。神の軍隊である光の軍団の力を結集して、光による支配を再び確立する時の到来である。

地上における天国の建設は、私たちのスピリチュアルな家族の力を合わせることによって初めて実現します。あなた方、そしてあなた方の仲間がこの仕事には不可欠です。まさにこのために、あなた方ははるか昔に地球にやって来たのです。今という時に地上に来ることを許されたのは、このためだったのです。数多くの存在が来ることを望みました。そして、最初から使命に忠実であった存在だけが許可を与えられたのです。

まもなく、「マスメディアによる電撃作戦」とでもいうべきものが始まります。あなた方には想像もつかないような形で、新しい意識が一般の人たちにもたらされることになるでしょう。映画、テレビ、ニュース報道、出版物、そして口コミでそれはすでに始まっています。なかでも、口コミには強烈な力があります。一般の人たちから孤立し、ライトワーカーとしての自分の使命を秘密にしておく時代は終わりました。一般大衆も動きはじめています。情報や回答・解決策を求めて騒ぎはじめています。愛する人たちよ、準備を整えてください。あなた方の多くが自分の使命を知ることを求めました。まもなく、あなた方は自分の使命に関して何の疑いも持たなくなるでしょう。

勇敢で忠実な戦士たちよ、私たちはその時を思い、深い喜びに包まれています。私たちはあなた方の成功に歓喜します。心が喜びと愛でいっぱいに膨れあがるのを許してあげてください。再会の時は間近に迫っていることを知ってください。私はアーキエンジェル・マイケルです。

第14章　道

私たちが旅する外なる道は
悲しみと苦痛に満ちみちている
この地上の世界で
叡知と完璧さを達成するには
すべてを体験しなければならない
最後に、内なる道を歩みはじめる時
あの輝かしい完璧な場所に向かう旅をはじめる時
長い上昇の旅がはじまる
それは再び神の顔が見える場所に向かう旅

ロナ・ハーマン

第15章　怖れを抱きしめよ

愛する光の子どもたちよ、私はアーキエンジェル・マイケルです。この満月にして皆既月食の夜に、エネルギーに満ちた重要なこの夜に、あなた方とともにいます。月はあなた方の完全な姿を象徴しています。直感的で、創造的な根源の象徴です。力に満ちみちた、輝ける自分の象徴です。月食はあなた方の影の部分を象徴しています。あなた方のスピリットが暗雲に覆われ抑圧された状態、すなわち怖れの状態を象徴しています。愛する人たちよ、あなた方の怖れを見つめてください。なぜなら、怖れこそあなた方が抱きしめなければならない感情であり、直面しなければならない感情だからです。それはあなた方のダイナミックなあり方を妨げ、マスターである自分の姿の出現を妨げているもの、それは怖れです。あなた方の多くを三次元の世界に縛りつけているもの、それは怖れにほかなりません。

ここでもう一度、言わせてください。あなた方が怖れるべきものは何もありません。あなた方の多くは「大変動の時代」という考えに囚われています。大変動が起こるのではないかと怖れています。同時に、起こらないのではないかと怖れています。なぜなら、もし大変動が起こらなければ、ニューエイジが実際に到来したということが本当なのかどうか、これまで聞いてきたことが真実であるのかどうかが分からなくなってしまうからです。

素晴らしい時代がやって来るという話を、あなた方はすべて信じたいと思っています。しかし、それが真実であることがどうすれば分かるのでしょうか。あなた方のまわりを見渡してください。自分自身の内面をじっと見つめてみてください。この十年の間に起こった莫大な変化が見えないとすれば、たぶんあなたの世界は変わっていないのかもしれません。おそらくは、あなたは怖れと現実否定の真只中にいるために、地球と多くの人びとに浸透しつつある新しい意識と生命力を受け入れて支持することを、自分に許していないのかもしれません。

自分の怖れの友達になって、つき合ってあげるのです。怖れを直視して、このエネルギーを用いて、停滞ではなくプラスの結果を創出すると断言してみてください。マスターになればそれなりの責任が伴うがゆえに、マスターになることを怖れているのですか。あなた方が自分自身の創造性を受け入れ、才能を活用するのをためらっているのは、自分の努力が十分ではないと裁かれることを怖れているからでしょうか。あまりにも変な存在になってしまったら、家族や友達に揶揄（やゆ）され、相手にしてもらえなくなるのではないかと怖れていますか。未知の世界に足を踏み入れて、スピリットが豊かさの顕現のために助力してくれると信頼したならば、貧乏になってしまうかもしれないと怖れていますか。成功を怖れていますか。成功した時に負わなければならない責任を果たすことに、自信がありませんか。挑戦を受けて立ち、未知の世界に足を踏み入れることなくして、これらの疑問に答えることができるでしょうか。答えを知ることができるでしょうか。

これだけは言えます。前進して挑戦を受けて立たなければ、スピリットがあなたの成長にとって最も重要である問題に直面することを強制するでしょう。それは、あなたが最も怖れていることが顕現して、それに直面しなければならないことを意味するかもしれません。あなたの成長にとって最善のことを避けようとすれば、それは確実にあなたの現実に姿を現わします。愛する人たちよ、覚醒の時です。優柔不断の時は終わりました。今あなた方に差し出されているこの活力に満ちた贈り物を使って、解決する必要のある、残された問題を優雅にやすやすと解決してみたらどうでしょうか。

あなた方の多くは日常生活の中で様々な困難や試練を体験しながらも、マイナスのエネルギーに取り込まれてはいません。そのような状況の本質を見抜いているからです。すなわち、適切さを欠いたエネルギーのバランスを取り戻し、完璧な状態にするプロセスであるという理解です。すべてのことがあるべき形で進行していることを静かに認知して、一日一日を過ごすのです。何か問題が出てきても、「これもいつかは終わる」ことを知っています。そういうあなた方は共同創造を実行しているのであり、マスターになる道を歩んでいるのです。マスターも見習奉公をしなければなりません。ただでマスターにはなれないのです。レッスンがあり、試練があり、実験があり、それから、やっと卒業です。

スピリチュアルな戦士であるあなた方にお願いします。怖れを成長のために使ってください。キリスト意識の自分の力を使って、力と真実の剣(つるぎ)を振るって、有限という束縛を断ち切ってください。あなた方の多くが豊かな知識を持ち、願望を抱き、輝かしい未来を約束されているにもかかわらず、現状に挑戦することを怖れ、未知の領域に足を踏み入れることを怖れているのが私たちには見えます。

愛する人たちよ、あなた方が知っているこの世界、そして現状は、あなた方が参加しようとしまいと、変わります。毎日毎日、ためらうことなく喜びを持ってあなたのスピリットに従うならば、最後には勝利することを確信して情熱を持って一つひとつの挑戦と機会に立ち向かえば、あなた方が背負っている重荷はなくなるでしょう。そのことをどうぞ考えてみてください。何が待ち構えているかに、心をときめかせながら毎日を生きる喜びを想像してみてください。どんなに力づけられるか考えてみてください。

今という瞬間に生きること、きょうしか存在しないということは、何度も何度も聞いてきたはずです。あなた方には永遠がある、と私たちは申し上げましょう。しかし、永遠をどう生きるか、それはあなたが決定しなければなりません。喜びに満ちた目的を持って生きる一日はほんの一瞬のように思われますが、怖れと遅疑逡巡の中で過ごす一日は永遠のように思えるかもしれません。

怖れは様々な形をとって現われます。怒り、現実否定、苦痛、病気、無気力、憂鬱（うつ）、悲しみなどなど。怒りは人を制限し、自由を奪い、傷つけ、心の中に巣食うままにしておくと、自己増殖することになります。今という時代ほど、あなた方が数多くの場所から多大な援助を受けたことはありませんでした。叡知と力づけとサポートが、数多くの存在から来ています。しかし、最初の一歩はあなたが踏み出さなければなりません。振り向いて、怖れている自分自身と真っ向から直面し、断言しなければなりません。「きょう、いちばん怖れていることを実行します。怖れを手中にして、その力を用いて心が思い描く怖れのすべてを克服します」

あなた方は、ニューエイジの叡知が真実であることを実証して欲しい、と言います。私たちはこう答えましょう。証拠を提供するのはあなた方自身である、と。私たちにできることは、エネルギーと愛情に満ちたサポートを提供することです。あなた方の現実世界にそれを顕現するのはあなた方しだいです。あなたのまわりを見回してください。毎日毎日、他の人たちに奇跡が起こっているのを見てください。彼らはあなたと何ら変わることのない人たちです。ただし、彼らは差し出された贈り物とチャンスを抱擁したのです。

彼らがマスターになる道程でどのような試練に耐え、どのような障害を乗り越えてきたのか、あなたには知る由もありません。どれほど多くの課題をこなさなければならなかったか、あるいはほんのわずかの課題しかこなす必要がなかったのか、犠牲（表面的にはそう思われる）をどれほど払わなければならなかったのか、知る由もありません。あなた方に見えるのは結果でしかありません。あなた方も必ず彼らと同じ機会、同じ力、同じ資源を提供されるでしょう。ただし、あなたが自分の遺産を自分のものであると主張して初めて、それは与えられます。

あなたはユニークな存在です。あなたと同じ人は存在しません。あなたはユニークな強さによって力づけられ、ユニークな制約の記憶によって制限されています。あなたは神の心の輝ける球体の一つの面であり、達成すべき特定の任務を持っています。その任務が困難であればあるほど、より多くの力と能力があなたの記憶と魂の中に刻印されています。したがって、誰かがより多くの力や能力を持っているということもなければ、より少ない能力しかないということもありません。あるいは、誰かが誰かよりも優れているということもありません。あなた方のユニークさにおいてのみ異なっているのです。

神の心は、究極の目標は完全な意識と完璧な状態ですが、創造し得る限りの顕現を願望しています。愛する人たちよ、完璧の方向を凝視してください。あなた自身の中に、あなた本来の姿である宝石の輝きを見てください。内なる叡知と力のドアを開きなさい。そうすれば、あなたは計り知れない奇跡を創造することになるでしょう。

大切な人たちよ、メディア・政府・大衆意識から吐き出されている怖れやマイナスのエネルギーによって、意識が影響を受けないようにしてください。おそらくは、これは今という時においていちばん重要な試練の一つでしょう。ただ心をやすらかにして、自分が誰であるか、どこに行こうとしているのか、この世界で何が顕現されつつあるのかについて、愛情に満ちた確信を持って心やすらかにしていることです。そうしたことのすべては、あなた方の大胆で、ダイナミックな行動と信念によって可能となります。あなたが思いを通して放出する純粋な（あるいは純粋でない）エネルギーが、あなたの新しい現実を創出しているのです。それは、毎日毎日、レンガを積み重ねて家を建てるのと同じことです。

愛する人たちよ、素晴らしい邸宅を建ててください。あらゆる可能性に満ちた、光り輝く世界を築いてください。平和と調和と喜びに囲まれ、あらゆる部分に平和と調和と喜びが浸透した豊かな世界を築いてください。

私たちは常にあなた方のそばにいます。いつでも、あなた方に援助の手を差しのべ、やさしいガイダンスと励ましを与える準備はできています。しかし、あなたがまず手をのばし、高次元の完璧な力を大胆に自分のもとに引き寄せて、それが自分のものであると宣言しなければなりません。私、アーキエンジェル・マイケルと光の軍団、そして神は愛情を込めてあなた方を抱擁します。

第16章 人間関係の問題を解決する時

地球へのエネルギーの注入が増加するにつれて、愛と受容と寛容のレッスンが、ますますスピードを増してあなた方のところにやって来るでしょう。これは、あなた方が純粋なキリスト意識になるのを妨げている問題のすべてを解決する機会を提供するためです。

人間関係の問題は今という時において最も重要な問題です。カルマのバランスの乱れを解決してクリアにし、現在の様々な人間関係における調和の欠如を解決することです。周囲を見渡してください。あなたに影響を与えている人たち、あなたが影響を与えている人たちを数えてみてください。家族、職場の同僚、友人、親戚の人たちなど、すべて考えてみてください。これらの魂とあなたの関係はどのようなものですか。ストレスがいっぱいですか、争いがありますか、いらいらするような関係ですか。それとも、お互いにサポートし合っていて、愛情がいっぱいで、満足のいく関係ですか。

人との関係から引き出される愛情やバランス、そして調和は非常に大切なものです。なぜなら、これによってあなたのキリスト意識が拡大され、あなたのエーテルの磁場における光と波動が高まり、やがてあなたの肉体においても同じことが起こるからです。

人間関係を強調するのは、あなたのスピリチュアルな兄弟や姉妹を欠点も含めて受け入れ、彼らの中に神の力の火花があるという理由によって愛することができるようになるためです。その火花がどんなに小さなものであっても、問題ではありません。私たちが自分を受け入れ愛することの大切さを強調してきた理由は、ここにあります。なぜなら、あなた自身を受け入れることなくして、あなた自身をゆるすことなくして、他の人たちに寛容な態度をとり、彼らの欠点を受け入れることなどできないからです。

五次元の世界でマスターになるための前段階として、進化して四次元に向かい、そして四次元を通り抜けて行くということは何を意味するのでしょうか。自分が存在するものすべての一部であり、重要な構成要素であり、したがって、愛に値する存在であることに目覚めるということです。自分の内面を見て、まだ眠ったままの状態にあって起こされるのを待っている力と真実を探究することです。あなたの故郷、すなわちスピリットカインド（スピリチュアルな仲間）と再びコミュニケーションを開始するために、長年閉ざされてきたチャネルを掃除するということです。

あなたは、映画『E・T』の中の、「E・T家に電話する」というせりふがどれほど重要な意味があるか、おそらくは自覚していないかもしれません。私たちは、あなた方がもう一度、電話回線を接続するのを待っています。怖れ・憎しみ・裁き・制限などの雑音を除去して、家に電話ができるようになるのを私たちは待っています。電話をかけてくれれば、私たちは電話に出ます。

目に見えない世界とコミュニケーションができる人がいますが（ますます多くの人がこの能力に目

覚めつつあります）、あなた方の多くはそういう人たちを疑いの目で見たり、驚きの目で見たり、畏敬の念をもって見たりします。しかし、愛する人たちよ、これはあなた方の正常な状態であることを知ってください。忘れてしまっただけなのです。あまりにも長いあいだ切断されていたために、感覚組織の自然な一部であったことを覚えていないだけです。

四次元の世界とは、自らの神性を受け入れ、自分自身を三次元の有限な勢力ではなく、神・女神の勢力と波長を合わせることです。四次元の世界は、自然のあらゆる勢力、かけがえのない母なる大地、そして天国の使者とともにエデンの園を地上に復帰させる仕事をする場所です。地球は最初、エデンの園でした。あなたが一緒に行くか行かないかとは無関係に、地球はその状態に戻ってゆきます。その光に満ちたユートピアに自分の場所を確保している人の一人になりたいとは思いませんか。

感情のコントロールができるようになり、四つの低次元*（→巻末用語）の身体の調和がとれ抑制できるようになると、四次元の高い部分で機能できるようになるだけではありません。五次元の低い部分にもアクセスできるようになります。あなた自身の存在、あなた自身の世界を、神の力を持った共同創造主として創造し、顕現するようになります。

あなたの存在のすべての局面をコントロールし、統合し、愛の波動の中に置くことの重要性が、これで分かっていただけるのではないでしょうか。このような言葉はいろいろな形で繰り返し耳にするはずです。これはあなた方が耳にする言葉の中でも最も重要なものです。

あなた方に、そしてあなた方の世界に、電磁波のエネルギーが贈り物としてシャワーのように注がれています。この贈り物を活用するかしないかは、あなた次第です。あなたの魂はこの出来事をずいぶん長いあいだ待ち望んでいました。受け取るためには少し努力しなければならないという理由で、この贈り物をやり過ごすのでしょうか。今という時にあなたの意識に入ってくるものはすべて、あなたの成長に役立つものであり、あなたが決定するものです。あなたのハイアーセルフ＊（→巻末用語）が正しい道に行くように、正しい方向に進むように、そっとあなたの背中を押しているのです。

愛する人たちよ、このようなわけですから、どうぞあなた方の人間関係を見つめてください。あなたに完璧で愛情に満ちた調和を許していない問題を、すべて解決してください。物質世界のレベルで人間関係の問題を解決できない時には、心の中に入ってみてください。あなたの心の寺院の中に、あなたの内なる力、ソウルセルフ＊（→巻末用語）を探してください。そして、心の中に問題の人を想像します。魂のレベルでその人に話しかけてみてください。目の前にその人がいるようなつもりで話してみるのです。ゆるしてくれるようにと依頼してください（自分は間違ってはいないと感じても、そうするのです）。その人のソウルセルフに愛を送り、愛していると言ってください。そして、あなたのハートセンターからその人のハートセンターへと愛が流れていくのを感じてください。祝福を与え、キリスト意識のホワイトゴールドの光で包んであげてください。

これは想像以上に効果的です。以前の争いのパターンに戻ったならば、再びこのプロセスを行えばよいのです。誰かのことが心に浮かんだならば、紫色の変容の炎でその人を包み、その人にとっての「最高にして最善」が起こることを祈ってあげてください。

あなた方は、精神的な性質と感情的な性質のバランスをとり、ハートセンターを開くために長いあいだ努力してきました。あなた方を力づけてくれる、この新しいエネルギーを活用する時です。行動に出て、結果を出す時です。本を読み、勉強し、理論づけをするだけではもはや十分ではありません。「行動」が合言葉です。これまでに学んだことのすべてを現実化し、成果を出す時です。

兄弟のために力になることを望み、祈ったあなた方に、準備体制に入るようにとの緊急指令が出ています。スピリチュアルな鎧（よろい）を外側にまとい、スピリチュアルな意識を内面に持って、一歩足を踏み出して皆の前に姿を現わし、メッセージを伝え、新しい人類の生きた証（あかし）になる準備をするように、との指令です。スピリットカインドとヒューマンカインドの融合の時です。光を固定するためにあなた方のスピリチュアルな兄弟姉妹と一緒になり、あなた方が住む地域に送られているエネルギーに方向性を与えることが大切であるということは、すでに話した通りです。

次のステップについてお話ししましょう。今はもう一歩踏み出してさらに前進し、他の人たちと意識を分かち合う時です。彼らを励まし、世界中を席巻（せっけん）しているマイナスのエネルギーと怖れに対抗し、人びとに告げて欲しいのです。教えて欲しいのです。希望はある、道はある、援軍もいる、そう、それを受け入れる気持ちさえあれば、輝かしい未来が待っている、ということを告げて欲しいのです。一度にほんの少し気持ちを変えるだけで、態度や思考形態を少し変えるだけで大きな変化を生み出すことができます。

ものの見方を変えるところから始めてください。様々な個人的な問題を解決する機会を喜んで歓迎してあげるのです。そのような問題を試練であるとか、障害であると見なさずに、歓迎してください。愛のマジックを行動に移して対処すると、問題はあっという間に姿を消して、二度と戻ってはこない体験をするはずです。毎日、あなたの世界で起こっているたくさんの奇跡を自覚してください。あなたが今まさに創造しているということ、内から外にエネルギーを発して、新しい世界を築いているのだということを知ってください。

他の人たちが世界の状況に関して嘆き悲しむのを耳にしたならば、素晴らしいことも起きていることを指摘してあげてください。愛する人たちよ、いま起こっている奇跡に焦点を合わせてください。しかし、優しくやさしく指摘してあげることが必要です。彼らが体験している苦しみや問題を軽視することなく、それを違った目で見るように励ましてあげてください。あるいは、話題を変えて、地球大変動のシナリオに心を奪われないことです。エーテル界*(→巻末用語)に放たれているマイナスのエネルギーをさらに増やしてはいけません。

地球の様々な領域で焦点がさらに絞られつつあります。様々な任務が割り当てられつつあると言ってもよいでしょう。アメリカ合衆国の西海岸にも焦点が絞られていますが、これは、大衆意識のマイナスのエネルギーを中性化することによって、あなた方の母なる大地に蓄積された緊張とストレスを安定させて解放するためです。大衆意識のマイナスのエネルギーは、渦を巻いて地球のアストラルの局面を覆っています。覚醒の時代に、多量のエネルギーがカリフォルニア南部に注入されました。この時期に、数多くのライトワーカーがこの地域に惹かれたのはこのためでした。大いなる成長と魂の目覚めが達成されましたが、同時に、注入されたエネルギーが悪用されて、混乱と破壊と暴力がもたらされました。

この大切な地球を、原初の純粋な美しさに戻す素晴らしい機会です。苦しみに喘(あえ)ぎ、間違った方向に向かっている人たちを光の道に引き寄せる、またとない機会です。あなた方の故郷を放棄してはなりません。地球は救うに値するものです。魂の記憶の奥深いところから、レムリアと呼ばれた美しいパラダイスを思い出してください。このパラダイスの海岸をかつて歩いたことのある人の多くが、巨大な大陸が海に沈む原因となった過去の間違いを修正する手伝いのために戻ってきました。この地球を浄化して、再び純粋なものにするためです。愛する人たちよ、警告の声に耳を傾け、間違いを訂正し回復の道を歩む選択をするならば、それと同じことが再び起こることはありません。

あなた方は高次元の存在によって力づけられているライトワーカーです。瞑想・祈り、意図の宣言を一緒に行うことによって、莫大な量のマイナスのエネルギーを中性化する能力があなた方にはあります。これこそがあなた方の任務です。愛する人たちよ、私たちはあなた方にこの任務を委託し、懇願します。私たちもあなた方の努力に参加します。同じ目標のために、多量の光とエネルギーであなた方を満たします。あなた方はその光とエネルギーを、愛すべき地球と都会のエーテル界に伝えてください。これがあなた方の最初の使命です。この使命を受け入れてくれますか。単独でそれを行っても、大きな影響を与えることができます。一緒に行えば、天国の軍隊があなた方を応援します。いつの日か再び一緒になるまで、あなた方は愛され、守られていることを知ってください。私はアーキエンジェル・マイケルです。

第17章　生と死についての新たな自覚

愛する光の子どもたちよ、死の神秘を探究してみましょう。そして、人類が死のプロセスについて抱いている誤解について考えてみることにしましょう。

人間は死を怖れの思いで見るか、完全に無視するかのどちらかです。まるで、無視することによって死の不可避性を妨害することが可能であるか、または自分は不滅であると騙して信じ込ませることができると思っているかのようです。事の真実は、これらの二つの考えは両方ともに妥当であるということなのですが、それはまったく異なった理由によります。

あなた方が現在体験しているプロセス（時には極めて不快で苦痛を伴うことは私たちも承知していますが）の最大の恩恵の一つは、変容を実現し完成させると、死のプロセスないしは輪廻転生（りんねてんしょう）のプロセスを体験する必要はもはやなくなるということです。現在あなた方が体験しているプロセスでは、新しい肉体に入り新しい人生を体験するたびごとに忘却のヴェールをまとい、一見したところ、まったく最初から始めなければなりません。

これからやって来る未来世界では、このプロセスは必要なくなります。あなたが現在体験している次元がどこであっても、自分が何者であるか、これまでどういう存在であったか、今どこに行こうとしているかを完全に意識しながら、その次元を離れてゆきます。現在、過去、未来をすべて完全に意識し、現在、過去、未来の中で一〇〇パーセント機能しながら、進化を遂げてゆくのです。進化とは、新しい次元の意識を達成するということです。より正確な言い方をすれば、過去において自分が誰であったか、現在誰であるか、未来において誰になるかを自覚するようになるということです。それは重要な自覚です。

緩慢で拷問のような死を体験すること、愛する者が苦しみの中で死んでゆくのを見つめる、あるいは突然愛する者に先立たれる、輝かしい未来を持っているはずの幼い子どもに先立たれるというのは、人類最大の悲劇であり、悲しみであり、最も重要な教訓でもありました。

医療に携わる人たちはいかなる代償を払っても生命を維持しようとしますが、多くの場合、間違った理由によってそういう行動をとります。それとは正反対に、医師幇助(ほうじょ)の自殺を唱導する医師もいます。このような概念は共に精神的に三次元的なものであり、急速に近づいている新しい時代においては、傍流になっていくでしょう。

人生は、積極的に目的の実現を目指す喜びに満ちた時間として大切にされるべきものです。人間は初めから、適切な時期に卒業して次のレベルの意識に向かい、より高次な達成を目指すということを教えられるべきです。これは完璧な進化のプロセスの一部として、期待され、かつ尊重されるべきです。すべての人びとが、肉体を大切な器として尊重し、創造主からの贈り物として尊重し、配慮と尊敬の思いを込めて取り扱うべきです。それぞれの魂には、独自の予定表と、なすべき事柄があります。誰もが老齢に達するまで生きるために地球にやって来るのではありません。すべての魂は、一〇〇パーセント生き生きと、スピリットの近くで人生を生きたならば、地上における時間が終わりに近づいてきた時にはそれが分かります。使命が完了した時には分かるのです。優しく、愛情を込めて、移行のための準備をして、自分が愛し大切に思っている人たちがそのプロセスの一部になることを許してあげるのです。苦痛に満ちた病気を体験する必要はなく、複雑で痛みを伴う延命のプロセスも開始する必要はありません。なぜなら、あなた方の誰もが前進し、進化すべき時が来ると、一点の疑いもなくそれが分かるからです。

死を目前にしたあなたの愛する人には分かっているのです。別れが一時的なものに過ぎないことを、それぞれの人に従うべき運命があることを、いつの日か再び一緒になれることを、二度と別れの苦しみを味わうことはないことを。スピリットに近いところで生活して死んで行ったネイティブアメリカンや、過去の様々な文化の中で人びとは、生死を地上における体験の完全な姿として受け入れていました。彼らは生命を尊重しましたが、同時に死も大切にしました。老齢であることもまた大切にされ、崇められました。なぜなら、それは叡知を得る年齢であるからです。あなた方の時代の最大の悲劇の一つは、老人を隔離されたケアセンターに預けて薬漬けにし、何の価値もない廃疾者であるかのように扱い、苦痛と孤独感と虚しさの思いの中で、緩慢な死を迎えさせていることです。

このような概念、慣行、信念といったものはまもなく時代遅れとなり、あなた方がいつか振り返った時には、野蛮なものであると思えることでしょう。年齢は、体験と叡知において測られることになるでしょう。肉体は成熟しますが、衰えることはありません。心は活動的で、機敏で、常に新しい体験と知識を求めることでしょう。そして、決して終わることのない完璧さに向かって螺旋(らせん)階段の次のレベルに行く準備ができた時、それは意識的に達成され、期待と喜びの中で行われるでしょう。これは現在の時点では、あなた方の概念的な能力では理解不可能なものです。

最初のステップは、若者に、人生をこれまでの見方とは異なった目で見るように教えることです。すなわち、次のレベルの体験をする能力と叡知を達成するための貴重な贈り物であり機会であるとして、この人生を見るように教えるのです。若い人たちは創造主の代理人であり代表であることを教えなければなりません。彼らの行動は、良いことであれ悪いことであれ、彼らの人生の現在だけでなく未来にも影響を及ぼすことを教えなければなりません。さらに、彼らの行動は人類全体に、彼らのスピリチュアルな家族に、そして宇宙全体に影響を及ぼすということを教える必要があります。これは実行が非常に難しいことのように思えるかもしれません。しかし、このような教えが子どもの誕生と同時に開始され、心にしみるように教えられるならば、そして人生全体を通じて継続されるならば、人類にとって奇跡的な意識の飛躍が達成されるに違いありません。

愛する人を亡くした時にそれを悲しむべきでない、と言っているのではありません。ただ、この死のプロセスを異なった観点から見て欲しい、と依頼しているだけです。まず第一に、死んだ人は失われたのではありません。そして、彼らが肉体の世界を去って行ったことには理由があるのです。自分の幸せや安寧・存在意義を他の誰かに委ねている人は、悲劇ないしは別離を招来しているようなものです。今という時におけるあなたの責任、最大のレッスンは、愛・自分の大切さ・生き甲斐といった感情に関して責任があるのは、自分以外の誰でもないということを実感することです。神聖なスピリットとともに全責任を負っているということを実感することです。

愛する人を亡くした人の中には何十年もの間その死を悲しみ、立ち直ることができないように見える人もいれば、短期間悲しみに暮れた後に再び自分の人生を生きはじめ、虚しさを埋める方法を見出していく人もいるのはなぜだろう、と思ったことがあるのではないでしょうか。これは、長いあいだ悲しむ人の方が、失った人への愛がより強いからでしょうか。そうではありません。普通、長いあいだ悲しみに暮れる人は、自分を殉教者にする必要があるということを意味します。あるいは、自分の幸せや存在の理由について責任を取るための知識もなければ能力や手段もないと感じているからです。あるいは、自分の幸せや存在理由に関して責任を取りたくないと思っているからです。自分を外面化し、制限し、抑制して、自分の運命を完全に自覚したマスターにならないようにしているのです。

愛する人たちよ、生と死についての古い概念を熟考し、再構築し、見直すというプロセスを開始することを依頼します。これもまた変容のプロセスの一部です。生というプロセス全体のバランスをとり調和のとれたものにするまで、肉体を持った生のあらゆる局面を体験しなければなりません。その時はじめて、死のプロセスを超越することが可能となり、アセンションを遂げてライトボディー*（→巻末用語）になることが可能となり、死ははるか彼方の夢に過ぎない、光り輝く新しい次元へと、意識を螺旋状に上昇させることが可能になります。

家族にご老人がいる人、あるいは死のプロセスを迎えている家族を持っている人は、愛を分かち合うという贈り物をその人に対して、また自分自身に対して与えてください。それが消えてなくなることを願って死のプロセスを無視するのではなく、死についての思いを分かち合い、死の体験に参加するのです。死のプロセスの真只中にあって死に向かっている人とともにいて、プロセスを楽なものにするためにあなたにできることをしてあげてください。楽しい思い出について話し合い、あなたの愛とヒーリングの力を使って慰めてあげてください。聖なるスピリットに依頼して苦痛を和らげ、優しくやすらぎに満ちた移行を可能にしてあげてください。あなたのこうした行動がどれほどの違いを生み出すかに驚くはずです。

幼い子どもを失った人、あるいは今後、失うであろう人にお話ししたいと思います。あなた方の子どもたちは、喜びを与えるためにやって来たのです。あなたが直面する必要があった重要なレッスンを教えるためにやって来たのです。あるいは、彼らの存在によってあなたに祝福を与える、ただその理由でやって来たのです。彼らは祝福された叡知に満ちた存在であることを知ってください。彼らも含めて、あなたがスピリチュアルな家族と一緒になれるように道案内をするためにやって来たのです。彼らがこの世に生まれて来たことは無駄ではありません。彼らの死も無駄ではありません。いつの日か、それが完璧な計画であったことをあなたは知るでしょう。そして、なぜそうでなければならなかったか、その理由を知ることでしょう。

愛する人たちよ、神が罰を下されることはないことを知ってください。現在起きていることのすべては、一見それが良いことであれ悪いことであれ、すべて計画の一部であり、人類が次のレベルの意識に進むために必要な体験の一部なのです。裁かないことです。自分自身であれ、他人であれ、裁かないことです。毎日毎日が完璧な形で展開するのを、許してあげてください。まもなく、別離の苦しみは過去におけるただの記憶になるであろうことを知ってください。

あなた方には見えませんが、私たちはここにいます。地上を去って行った人たちもあなた方には見えませんが、彼らもまた近くにいます。あなたの高次元の意識にアクセスして、あなたの神聖な存在とつながってください。そうすれば、約束しますが、孤独であるとか一人ぼっちであると感ずることは二度となくなるでしょう。あなた方には想像もつかないほどの膨大な数の、愛に満ちた存在によってあなた方は囲まれています。あなた方は常に変わることなく、愛され、導かれ、守られています。私はアーキエンジェル・マイケルです。この真実をあなた方にもたらす者です。

第18章　希望のメッセージ

きょうは、希望のメッセージを伝え、未来を垣間見てもらうことにしましょう。最初に、あなた方の多くは、魂の暗い夜を体験していると感じることになるかもしれません。それは個人的なレベルにとどまらず、あなたの周囲の人たち、あなたが住んでいる町の人たち、国中の人たち、いや世界中の人たちがそのような体験をすることになるでしょう。

これでは希望のメッセージとは思えないかもしれませんね。しかし、これは希望のメッセージなのです。なぜなら、あなた方が個人的なレベルのみならず、地球的なレベルで体験するであろうことは、ネガティブな勢力ないしはエネルギーの浄化だからです。神聖な光に属していない地域、別な言い方をすると、いま現在、地球および太陽系に浸透している電磁波エネルギーの高い波動に呼応していない地域は、すべてこの浄化のプロセスを体験しなければなりません。

あなた方はいま疑問を抱いています。あなた方は自分が誰であるかを知り、一生懸命に忠実に愛情を込めて仕事をしてきました。自分がライトワーカーであることも知っています。そういうあなた方がなぜこんな目にあわなければならないのだろう？　よりによってなぜ今こんなことを体験しなければならないのだろう？　人生におけるネガティブな要素はすべて除去したと思っていたのに！　三次元の問題のすべてをもう完了したと思っていたのに！　それなのに、あなたはいま肉体的な問題を抱え、不快感を体験し、病気になっているかもしれません。あるいは人間関係に悩み、職場で難しい問題に直面し、経済的な安定が脅かされてさえいるかもしれません。なぜでしょうか？

私たちが伝えたい希望のメッセージは以下の通りです。あなた方は奇跡がまもなく起こるだろうという話を聞かされてきました。これはその通りです。二十世紀が終わる前に、二十一世紀を迎える前に、神聖な神の光が世界の隅々をくまなく照らし出し、すべての人びとの心を照らし出すだろうと聞かされてきました。

神の光が暗闇を変容するためには、浄化のプロセスが必要なのです。「私は神の光に自らを捧げます。私という存在のすべてを、所有物のすべてを高遠な目的のために捧げます」と口で言うのは簡単です。しかし、あなたの経済的な安定が脅かされると何が起こるでしょうか。悲鳴をあげて嘆き悲しむでしょうか。「不公平だ！　なぜ私がこんな目にあわなければいけないんだ！」。あなたが病気になると、あるいは愛する人が病気になると絶望に沈み、あなたの高次元の力に助けを求めることを忘れてしまうでしょうか。他の人も含めて、あなたに与えられている奇跡的な癒しの贈り物に助けを求めることを忘れてしまうでしょうか。それとも、神聖な力を持った聖なる我れと紫色の変容の炎に助けを求めるでしょうか。

愛する人たちよ、どうぞ後者の選択をしてください。なぜなら、そうすれば神の力と援助を受けることができるからです。あなた方の多くは、不調和の最後の残滓物を浄化するという体験をしています。別な言い方をすれば、五次元の現実に上昇するプロセスを開始する前に必要な最後の試練を体験しています。

愛する人たちよ、言葉に表わすことができないような素晴らしい贈り物があなた方を待っています。代価を払う必要はないと考えていたでしょうか。マスターになるという贈り物を受け取る準備ができていることを、信頼と強い決意によって示す必要はないと考えていたでしょうか。

神の光の軍団は暗闇と負の勢力を克服しはじめています。光で圧倒しはじめています。しかし、戦うことなく、苦痛を経ることなく、混乱を招くことなく、犠牲を払うことなく、精励と忍耐と献身を捧げることなく、これを達成することはできません。我が愛する戦士たちよ、今この時に至って、挫(くじ)けてはなりません。悠久の彼方に遡(さかのぼ)るほどの昔から、あなた方は努力してきました。今、その目的をすべて実現し、達成する時が近づいているのです。目標到達まで、もうすぐです。もう少しで勝利を勝ち取ることができます。

最後の挑戦を、喜びをもって歓迎してください。挑戦は一つかもしれません。たくさんあるかもしれません。それをすべて歓迎してください。スピリチュアルな鎧(よろい)でしっかりと身を固め、きらきらとその鎧を輝かせて、困難と正面から立ち向かうのです。あなた方が許してくれる限りの援助とガイダンスとサポートを得ることができることを知ってください。怖れに身を任せて自分を制限しないように、ということです。感情体を逆上させて周囲にネガティブなエネルギーの磁場をつくってはなりません。私たちにはその磁場を貫徹することはできません。というのも、あなた方が試練を乗り切ることができるように、癒しのエネルギー、浄化の生命力、変容とバランスと調和をもたらす波動をあなた方のところに持って行くことができなくなってしまうからです。この次元移動をできるだけやさしく、苦痛のないものにするようにあなた方に手を差しのべる準備はできています。そうしたいと私たちは切望しています。しかし、すべてはあなた方次第です。それはあなた方が決めることです。あなた方のために混乱の中から奇跡を創出できるように、私たちに手を貸してください。

国全体のレベルでも、世界全体のレベルでも、それは起きています。人類が人類のためにつくり出した苦悩、苦しみが、エーテル界に染み渡っていくのが感じられないでしょうか。これを続けさせるわけにはいきません。解決のための小さな道筋はいくつもつけられ、ささやかな努力がなされていることは確かです。しかし、もっともっと多くのことがなされなければなりません。あなた方の世界の一部には希望も未来もないように見えるかもしれません。しかし、そうではありません。あなた方が使命に忠実であり、目的に心の的を絞りつづける限り、波動エネルギーの磁場をつくって地球を取り囲み、包み込み、そのエネルギーを地球に浸透させる努力を続ける限り、希望はあります。

愛すべき魂たちがいます。彼らの多くは今この瞬間にも、別な世界や次元に住むために地球を離れようとしています。彼らを祝福し、神の光へと向かう旅に愛情を込めて送り出してあげることが大切です。これからも、さらに多くの人たちがそうして去って行くでしょう。これもまた完璧な計画の一部です。彼らのことは私たちが面倒を見ますから安心してください。彼らの面倒を見るのは私たちの責任であって、あなた方の責任ではありません。あなた方が面倒を見なければならないのは、真実に手をのばして我が物にしようとしている人たち、より高次元の意識に到達して、きらきらと輝く未来を垣間見たいと願っている人たちです。次のレベルの進化のための準備ができ、それを実現する能力があり、しかも地球にとどまって、地球と一緒に偉大なセントラル・サンと神の力へと向かう螺旋状の心ときめく旅に出る人たちです。この人たちのために模範となり、インスピレーションを与える存在になって欲しい、それが私たちの願いです。神の光と愛の道を切り拓き、彼らがあとに続くことができるようにして欲しいのです。

再び繰り返しますが、これは良いニュースです。あなた方はこの努力において一人ではありません。もう二度と、無知と暗闇の中で仕事をする必要はありません。あなた方が変容を遂げて自分自身の、そしてこの世界の不完全な部分を解放していくにつれて、問題の一つひとつを解決していくにつれて、自分のバランスをとり調和のとれた自分をつくりハイアーセルフと一体になっていくにつれて、二度とこれまでのような苦しみを体験することはなくなります。そうした問題は完全に解決され、二度と戻ってくることはありません。それを信頼して決然と一歩を踏み出して、困難な問題と真っ向から取り組むたびごとに、どんどんやさしくなっていくことでしょう。なぜなら、優雅に美しく困難を切り抜けていくことが、どんなにやさしいことであるかが分かるからです。そして、優雅に美しく困難を切り抜けていったあなたの後ろには、きらきらと輝く完璧な航跡が残ることでしょう。

愛する人たちよ、五次元に存在するとはこういうことです。五次元の世界でもあなたは成長を続け、学びを継続し、進化しつづけます。しかし、有限な三次元の世界で体験した苦しみや苦悩はなくなります。この状態を達成すると、美しさの中で生活することになります。自分自身と、そして人類のすべてと調和した波動の中で生活することになります。あなたの進歩はさらに続きます。なぜなら、一歩踏み出すごとに、犠牲を払うごとに、計り知れないような報酬へと導かれていくことをあなたは知っているからです。

神の光に包まれてマスターたちと一緒に生活し、天使たちが仕事に励み遊ぶのを眺め、ヴェールを取り除いて天国での様々な奇跡を見て楽しむ、これがあなた方のゴールです。これは努力に値する目標ではないでしょうか。

あなた方が試練の中にいる時には、そばにいることを約束します。あなたが許してくれる限りの援助を、愛情を込めて提供することを約束します。愛する人たちよ、私たちに心を開いてください。私たちのゴールは、あなた方のゴールと同じように、一緒になることです。あなた方は強力な天使の軍団と光の存在とマスターの方々によって守られています。私はアーキエンジェル・マイケルです。

第19章　いま共同創造主になる時

愛する光の子どもたちよ、私はアーキエンジェル・マイケルです。きょうは一つの挑戦をしたいと思います。天国に住む私たちを試して欲しいのです。同時に、マスターであるあなた方自身をテストしてください。

あなた方は数多くの様々な情報源からやって来たものを読み、それに耳を傾け、聞き取ってきました。そして、それらの情報を吸収して体現しようと努力してきました。今という時は急速な変化の時であり、危険でトラウマの原因ともなる不安な時代であるとも聞かされてきましたが、完全には理解できないまま今日に至っています。時間と様々な出来事は、あなた方の信頼、スタミナ、そして魂そのものに試練をもたらします。この変容と次元移動を何の援助も受けずに独力で体験する必要はないということを、私たちは繰り返し言ってきました。新しい意識の光に満ちた高次の波動が現われる状況を創出するにあたって、争いが渦を巻くように起きている暗闇に包まれたこの時代を一人で体験する必要はないのです。あなた方に対する私たちの挑戦とは、これです。

私たちを試してください、という挑戦です。地上における新しい天国の共同創造主であるという奇想天外な概念を受け入れてみないか、という挑戦です。そうです、一見欠点だらけでありながら、あなたはマスターであり、神の心の創造力をすべて備えた強力なマスターである、という概念です。

まっさらで完璧な五次元の現実を創造することを、今、開始して欲しいのです。どうすればこれができるでしょうか（あるいは、あなたはすでに瞬間ごとにあなたの現実を創造しているという事実をどうすれば自覚できるようになるのでしょうか）。

最初に、あなた自身から始めることにしましょう。一週間の間、そうです、わずか一週間の間、意識をすべて自分自身に集中してください。これはおかしな感じがしますか？　自己本位で利己的であるように思われますか？　愛する人たちよ、あなた自身のために、そしてあなたのまわりの人たちのために完璧な世界を築くためには、その天国を体験できる完璧なあなたがいなければ不可能です。

想像してみてください。こうありたいというあなたの外見、感覚、動き、思考を、これ以上は不可能なくらい具体的に想像してみてください。それをできるだけリアルにしてください。あらゆる感覚を総動員してこのヴィジョンを体験します。その喜びと興奮を味わってください。心の目で、完璧なあなたを想像するのです。内なる耳で、あなたの声を聞いてみてください。

別なことを考え出したら、あるいは疑いが頭をもたげてきたら、確言を唱えてそっともとの軌道に戻してあげてください。たとえば次のような確言です。

「私はいま完璧な神としての我れを顕現しています」
「私は力に満ちた完璧にして聖なる存在です」
「私はキリスト意識そのものです」

あなたが今なりつつあるこの完璧な存在を、あなたの全存在をかけて生き、呼吸してください。朝、目を覚ました瞬間からこのイメージをしっかりと抱き、肉体・心・スピリットにおいて完璧な自分に意識を集中して、一日の余分な時間を、すべて費やしてください。

眠りにつく前に、エーテル界に存在する完璧なあなたに、肉体・精神体・感情体のあなたと一緒になって、この完璧な自分を顕現してくれるようにと依頼してください。そうすれば、あなたが眠っているあいだ中、エーテル界のあなたは休まずにその仕事を継続できるからです（眠っている間にはより効率的に、かつ、より強力に仕事がなされるでしょう。なぜなら、疑い深く、意識を有する頭脳が休息しているからです）。一週間が終わった時に、あなたは完璧であることを確言して、その完璧さがあなたの内部で休息することを許してあげます。それがエーテル界で力をつけ、似たような波動と一緒になることを許してあげるのです。その結果、完璧なあなたが物質界に顕現しはじめるでしょう。

その時点で、あなたの世界を完璧なものにする次の段階を開始します。すなわち、地上に天国を築くという仕事の第二段階です。あなたの豊かさ、人間関係、あるいは創造性に意識を集中してください。あなたの現実において最もバランスが欠けている領域に意識を集中します。最初に、自分が住みたいと思う天国を築いてください。この上なく美しく、静寂そのもので、完璧な天国を想像します。レンガを一つひとつ塗り固め、石の一つひとつをしっかりと積み重ねて、あなたの天国を築きます。それは高い山の頂上でしょうか。水面が静かな湖の岸辺にあるのでしょうか。常に変化する広大な海に面しているのでしょうか。活発で光がいっぱいに漲ったスピリチュアルな兄弟姉妹と一緒にコミュニティーに住んでいて、エネルギー・愛・インスピレーションを分かち合い、交わり合い、共に成長し、創造する、そういう天国でしょうか。それとも、動物やスピリットの世界と交流しながら、静かで平和な、孤立した世界に住むのでしょうか。

すべてが完璧な世界を築いてみてください。それは、いうなればオーダーメイドの天国です。その天国を分かち合いたいと思う人たちをその中に入れて想像してみてください。あるいは、その人たちの場所をつくってあげてください。その世界の感触を味わい、匂いをかぎ、音を聞き、ずっしりとした重みを感じるのです。あなたが現在存在している現実よりもリアルになるまで、これを続けます。集中力が切れて他のことを考え出したならば、静かにいま創造しつつある新しい世界に自分を連れ戻してください。日常生活の中でストレスを感じた時には、あなたの天国の静かな場所に行ってみるのです。そこで起こる変化を感じ取ってください。天国では、いかなるストレスもネガティブなことも許されません（なにしろ、天国なのですから）。

最も詳細な部分までしっかりと創出し、地上における天国に存在して、歩き回っているあなた、生活しているあなた、愛情に満ち溢れたあなたを見つめてください。完璧なあなたに意識を集中するのと同じように、あなたの創造物に対しても時間の許す限り意識を集中してください。目を覚ました瞬間から、一日を通して、できるだけ頻繁に、とくに眠りに落ちる前にそうしてください。今回も、一週間が過ぎた時点で確言を唱え、あなたのハイアーセルフに委ねてください。

さらに歩を進めて、あなたの完璧な世界で次に重要なものに対する意識の集中を続行してください。それが人間関係であれば、彼または彼女の重要性に応じて意識の中にその人を置き、その人とあなたとの完璧な交流を想像してみるのです。あなたはどういう行動をとるでしょうか。その人とどのように交わるでしょうか。その人はあなたに対してどういうふうに反応するでしょうか。まわりの人たちと完璧な調和の中にいるあなたを想像してみてください。すべてを自由に与え、まわりの人たちの独自性を受け入れ、他人に先んじて優位に立とうと競争したり努力する代わりに、彼らの才能や長所をあなた自身の才能や長所で補足し合っているあなたを見てください。調和のとれた愛と創造的なスピリットがお互いの間を流れ、拡大され、高められていくのを感じてください。そして、最後にはあなた方がみな統合された、スピリチュアルなエネルギーになって、愛とバランスが達成されたやすらかな共存の中にいるのを感じてください。あなたのスピリチュアルな家族をあなたがつくった天国の中に置き、それが大きくなり、成長し、地球を囲み、最後にはすべてが完璧になるのを、あなたの目で見てください。

宇宙の豊かさを自由自在に操ることなしに、完璧な世界を築くことは不可能です。したがって、神の心によって創造された、限りなき豊かさを入手する資格があなたにはあるという真実を、我が物として宣言しなければなりません。そして、その豊かさは無尽蔵であり、依頼すれば入手できるものであることを知らなければなりません。完璧さと限りなき豊かさのすべてを体験するのはあなたの生得の権利であり、神によって与えられた権利であるという知識を、確固たるものとして、絶対的なものとして、あなた自身の内部に創造しなければなりません。

そういうわけですから、次の一週間をかけて、事実そうであるというあなたのあり方を創造し、確言し、条件づける必要があります。それはどのような感じがするでしょうか。あなたは何を所有するでしょうか。あなたが必要とするものだけでなく、あなたが願望するものも考えてください。あなた自身のために、そしてあなたの周囲の人たちのために創造してください。すべての人のために十分あるということを忘れないでください。遊んでみてください。あなた自身の内面を深く探究して、何があなたにとって重要なのかを確認してください。あなたの世界に本当に欲しいものは何であるかを知って驚くかもしれません。今という時代にあって地位や権力の象徴と見なされている様々な所有物や飾り物は必要ないと思うようになるかもしれません。

必要なのは生活をシンプルにすること、あなたが所有する代わりに、あなたを所有しているように思われる様々な物を持っているよりも、質素で素朴な慰めだけが欲しいと思うかもしれません。人生における物事の優先順位、つまり何が大切かという考えが変わって、美しい自然が重要な意味を持ってくるかもしれません。湖や川の水、空気をきれいにすることや、あなたが住んでいる世界の様々なくるかもしれません。

奇跡を楽しみ、あなたがそこに配置した愛情あふれる存在たちと交流する時間がもっと大切になって

食べたいと思うものはシンプルで、滋養が豊かで、健康で、満足を与えてくれる、軽い食べ物ということになるかもしれません。このような食べ物は、完璧な存在となった真っさらなあなたの中にバランスと調和をつくり出し、かつ維持してくれるでしょう。秘匿したり蓄えたり収集したりする必要はもはやないと感じるようになった時、豊かさというものについてのあなたの考えは一変するかもしれません。あなたの富を奪うかもしれない侵入者を締め出すためにバリアで自分を守る必要はないと感じるようになった時、富についてのあなたの考えは変わるでしょう。すべての人のためにすべてが十分あるという驚くべき真実に目覚めた時、あなたはリラックスできるでしょう。その発見はあなたの心の中から生まれなければなりません。まずあなたから始まり、放射線状に広がり、完璧な世界を創出するのです。

忘れないでください。他の顕現の瞑想と同じように、この現実を築くために一週間を使ってください。時代遅れになった考えや、一面的な真理、自分自身のものとして受け入れてきた他の人びとの考えや期待といったものを分析し、探究し、捨て去って、新しい現実を築くのです。一週間にわたって、あなたにとっての完璧で豊かな現実を築いてください。この考えをあなたの内面の深いところにしっかりと固定させるまで、昼も夜も確言を唱えてください。別な言い方をすれば、豊かさを絶対的な真実として受け入れるまで、豊かさの確言を唱えるのです。

この世界で何でもできるとしたら、何にでもなれるとしたら、何をしたいか想像してみてください。毎日、何をして過ごしますか。あなたという存在を完璧に表わすものとして、何を顕現したいですか。あなたがそのために戦っている理想の完璧な実例として、何を顕現したいですか。いま事務員をしているあなたがきょう、その仕事を辞めて、明日医者や教師になるということはできません。しかし、変化を創造する力として自分を見はじめることはできます。たとえば、あなたがいま生きている新しい真実を教える先生になること、あるいは今あなたに提供されている様々な贈り物を活用して、まわりの人たちのスピリットを育むヒーラーになることも可能です。想像力を自由に羽ばたかせてください。心を解放して、未来のヴィジョンをリアルに感じてみてください。存在のいちばん深いところで、あなたは何になりたいと思っているのでしょうか。今日、ほとんどそこまで来ている明日のニューエイジにおけるあなたの場所は、どんな場所でしょうか。

思考やアイデンティティーは変わります。人の役割も境界線が今ほどはっきりしたものではなくなります。これからの時代にあっては、誰も人より低いということはなく、人よりも高い人もいなくなります。誰もが等しく重要な存在で、神聖にして聖なる存在です。人の世話をしたり、養育をしたりする人であっても、哲学者や医師、科学者と同じく重要な存在であると見なされるのです。というわけですが、あなたは作家になりたいですか。それとも芸術家、ヒーラー、発明家、あるいは探検家になりたいですか。いま列挙した職業のどれにでも就けるとしたら、あなたはどうしますか。あなたが持っている奇想天外な夢でも実際に顕現できるとしたら、どうしますか。作家になったら何を書きますか。画家になったら、何を描きますか。ヒーラーになったら、どのような方法で人を癒しますか。あなたのテーマは何ですか。それが突拍子もないもので、現在、人に受け入れられているものとはまったく異なったものであっても、この夢をしっかりと築いて、できる限りリアルで具体的なものにしてください。この人生の残りをどのように過ごしたいですか。次の人生は、そしてその次の人生は？あなたの魂の最も深遠な願望を出すべきです。なぜなら、あなたが願望するものが顕現することになるのですから。

思い出してください。あなたは神の心の延長存在としての共同創造を学んでいるところです。というわけで、あなたに一つの忠告をしておきましょう。この新しい現実を建設し創造するに当たって、必ず、必ず、あなたの願望が最も深い叡知に満ちたものであり、すべての人にとって最も高貴にして最善のものであるようにしてください。そして、確言は、「神の意思がなされますように」という言葉で締めくくってください。あなたの願望が聖なるあなたの願望と調和のとれたものであれば、何の問題もありません。そうでない場合には、神の願望をあなたのそれよりも優先しなければなりません。なぜなら、神のヴィジョンは完璧であるからです。〝何を頼むか注意した方がいい。実現するかもしれないのだから〟という諺を思い出してください。

再び、一週間を使って、あなたの現実のこの部分について考え、熟考し、探究し、創造してください。あなたの創造的なエネルギーと時間を何のために費やすかについて、一点の疑いもなく確信が持てるまでそれを続けてください。あなたはどんなことで有名になりたいですか。どのような才能を自分のものとして主張したいですか。創造的なエネルギーによって満たされていると感じるまで、そのエネルギーを生き、呼吸し、夢見てください。一週間たった時点で、それが疑いのない真実であるとして確言し、あなたのハイアーセルフに委ねてください。

このプロセスを完了し、あなたの世界に顕現したいと望んでいるもののすべてを意識の中にしっかりと固定したならば、一息ついて、これまでに起こったこと、変化したことを数え上げてみてください。あなたの世界は少し違ったように見えるでしょうか。この世界でうまくいっていないことに注意を向ける代わりに、入手可能な数え切れないほどの素晴らしい可能性へと目を向けることができましたか。人びとや所有物についてのあなたの態度は変わりましたか。自分のことがこれまでよりも少し好きになりましたか。これまでよりもエネルギーがいっぱいに溢れているように感じますか。自分の運命を自分でコントロールしているように感じますか。そう感じているはずです。

このようにしてあなたがしていることは、正しいことに心の焦点を絞ることであり、宇宙で入手可能なものに心を合わせているということです。周囲の状況の絶望的で無力な犠牲者である代わりに、善なるもののために神と共同創造主になることに心を集中する時、何を顕現できるかということに心の焦点を絞っているのです。このような奇跡は一夜では起こりません。しかし、確実に起こります。

まして、十分な数の人びとが高次元からの力づけを受け入れ、この人生において地上に天国を築き顕現することはできるという信念を受け入れる時、奇跡は必ず起こります。

このプロセスを完了したならば、再びそのプロセスを繰り返してください。最初の時に比べてどのように変わったでしょうか。今度は何を足し、何を消去したいですか。スピリットと波動がより一体化し、自分にもっと自信が持てるようになるにつれて、すべてがより洗練され、明確になっていきます。あなたが進化し、変化するのと同じくらい確実に、そのプロセスも進化し、変化していきます。このプロセスと遊んでみてください。楽しんでください。顕現することの興奮を味わってください。あなたもまた、世界の中に世界を創造できることを知ってください。

あなたがマスターになることを受け入れ、私たちの力づけを受け入れる時、天界に住む私たちは、これまでにないほどの膨大な量の生命力をあなたに注ぎ込むことができます。さらに、顕現の宇宙エネルギーをあなたの方に向けて活用してもらうことができるようになります。あなたが、このエネルギーを制限された自己中心的な目的のためではなく、すべての存在のために使うということが分かるまで、これができない理由は分かってもらえると思います。

そういうわけですから、私はあなたに依頼します。あなたに挑戦します。いま開始してください。私と一緒に、光の軍団と一緒に、あなた方の愛すべき地球を本来の姿である光り輝く星に変えるという仕事を開始するのです。顕現するのです。地球をきらきらと光り輝く、純粋で、生命力が躍動する存在へと顕現させるのです。その時、地球は、自らもその構成員である銀河と宇宙の仲間入りをして、完璧な統合と愛から成る偉大なセントラル・サンに戻る旅路につくことになるでしょう。あなたは輝ける星です。宇宙の中に存在する宇宙です。あなたは完璧そのものです。手をのばして、本来あなたのものである遺産を我が物として宣言する、それだけでよいのです。

これからの数年間は様々な騒々しいばかりの変化が起こるだろう、と言われています。これまでの体制は崩壊し、光の勢力と闇の勢力が優位に立とうとして戦いを繰り広げるだろうとも言われています。これらの予言が正しいことは、私たちも認めます。しかし、次のことも付け加えておきましょう。暗闇の勢力にも徐々に神聖な光が注ぎ込まれています。そしてまた、彼らは制限されたあり方を選択した時にどんなことが起こるかをあなた方に見せることによって、あなた方に奉仕しているということです。古いものは新しいもののために道を譲らなければなりません。破壊と混沌だけのように見えるかもしれませんが、焼け跡の灰の中から不死鳥が蘇り、すべてが新しく生まれ変わることになります。光に目覚めていない人たちには、彼らが望むままの道を歩ませてあげることです。来たるべき時に、彼らの順番も巡ってきます。彼らを祝福してあげてください。彼らを愛してください。そして、彼らの中にある神の力の火花は彼らが失敗することを許しはしないということを知ってください。いま目を覚ます準備ができていない、ただそれだけなのです。彼らの時はまだ来ていないのです。

聖なる道案内人であり、スターシードであるあなたは、彼らがあとに続くことができるように道を切り拓いているのです。マスターとしての完璧な外套を受け取ってください。あなたははるかな旅路を歩んできました。正義の名において、たくさんのことを体験してきました。今こそ、本当のあなたを受け入れる時です。常にあなたがそうであったもの、神のキリストであるあなたを受け入れるべき時です。

私はアーキエンジェル・マイケルです。天界のすべての存在とともに、あなたと一緒にいます。あなたが新しい地球の共同創造主になるという挑戦を受けて立つ時、私たちはあなたをサポートし守ります。

第20章　高次元の世界にようこそ！

愛する光の子どもたちよ、まるで感情の竜巻に巻き込まれ、渦を巻くエネルギーの中に叩き込まれ、今にも深淵に向かって足を踏み出そうとしているような感じを体験していますか。あなた方が自分の安全と安逸のために築いた境界線や構造が、ガラガラと崩れ落ちているように感じていますか。もしもそのように感じているとしたら、高次元の入り口までやって来たあなた方を心から歓迎します。

四次元におけるアストラル界*（→巻末用語）の下部局面からネガティブなエネルギーが除去されるにつれて、そして、あなたの心の集中力が増大して、現在宇宙から送り込まれている純粋なエネルギーをもっと処理できるようになるにつれて、幻想のヴェールが取り払われ、姿を消すようになります。あなた方の多くにこの現象が起こりつつあります。あなたの意識が幾層もの並行現実との間を出たり入ったりするようになる中で、現実からはっきりした輪郭がなくなって明確さが失われ、流動的でぼんやりとしたものになっているかもしれません。それはまるで、いま水泳を習おうとしていて、水の中に飛び込む前に水を試しているのに似ています。

私たちは今、あなた方が高次元へ移行するプロセスに手を貸すために来ています。変化の波と流れに足を踏み入れようとしているあなた方に手を貸して、楽々と、軽快に未来へと流れていくことができるようにするために来ています。

最初に、何があなたを尻込みさせているのか、それを見極めることをあなたに依頼します。あなたがまだしがみついている愛着の対象は何でしょうか。あるいは、やめることができない中毒症状は何でしょうか。三次元、四次元の思考や人との関わりの中で、まだ融通性を発揮できず絶対に譲れないと思っている部分はどこでしょうか。あなたは、自分が正しいことが大好きという中毒にかかっていますか。それとも、自分は間違っていることが大好きという中毒にかかっていますか。あなたの新しいスピリチュアルな性質はこうであるべきだという考えにこだわっていますか。ある種の伝統の中毒にかかっていますか。つまり、特定の規則や基準なしではやっていけないと思っていますか。それとも、あなたは権力の中毒に害されていますか。あるいは、無力という中毒にかかっていますか。何に対する愛着があなたを動けない状態にしているのですか。人間関係、持ち物、仕事、ある種のアイデンティティー、特定の場所、身体、健康、ないしは健康でないこと、あるいは身体の外見ですか。

あなた方の多くは、身体と心とスピリットの調和をとるために、長い間、一生懸命に努力してきました。今は、すべてを手放して、あなたのスピリットが望むものになるべき時です。大衆の争いに心を奪われてはなりません。政府の問題であれ、政治問題であれ、道徳の問題であれ、あなたの周囲の人たちの行動であれ、そういうことに心を奪われないことが大切です。愛する人たちよ、許してあげてください。あなたの兄弟姉妹が、それぞれの問題をそれぞれの時間の枠の中で解決するのを許してあげてください。それぞれが自分だけの道を歩いて行かなければなりません。それは孤独な道です。誰も代わりに歩いてあげることはできないのです。

あなた方の中で、肉体的にも精神的にも浄化を完了した人たちは、エネルギーと情報の強力な伝導体として強く求められています。そういう人たちの波動は、言うなればボリュームが上げられていますから、まわりの人たちは何か特別なことが起こっていることを感じないでいることは不可能です。理性や科学的な手段では説明ができない、何かです。このエネルギーは時としてあまりにも強烈で、扱うことがほとんどできないこともあります。自分のバランスをとることができ、準備が完了している人たちにとってすら難しいことがあります。そんな時には、エネルギーが自由に出入りするままに任せてやることを学ばなければなりません。心を落ち着かせて、精神的なプロセスが邪魔することを許さない限り、これによって悪い影響を受けることはありません。

今という時代は、あなた方にとってストレスがいっぱいで不確実な時代であることは、私たちも承知しています。あなた方は一見したところ、克服不可能に見える数多くの問題に直面しています。愛する人たちよ、このような問題を克服し、勝利する力と勇気はあなた方にはないと私たちが判断していたならば、あなた方はこういう状況に直面していないでしょう。

長い曲がりくねった道を歩いている自分を想像してみてください。その道は高い山に向かって続き、だんだん細くなって、目の届かない彼方まで続いています。心の目で、この道の両脇は切り立った崖で、下には暗闇だけが横たわっているのを見てください。この道をゆっくりと歩いていく時、あなたは足もとに目を落として限りなく続く深淵を見ながら歩くでしょうか。それとも、前方にきらきらと輝く光を見つめながら歩くでしょうか。足もとに目を向けるのではなく、あなたの前方にあるゴールを心の目で見ながら、一歩一歩しっかりと歩いて行くことが大切です。勝利がもたらしてくれるであろう、素晴らしい達成感とご褒美に期待で胸を膨らませながら歩いてください。

毎日毎日、遭遇するあらゆる状況をこのようなヴィジョンで見て欲しいと思います。あなたのソウルセルフが、あなたが最も取り組む必要がある問題、最も解決を必要としている問題を、あなたの前に置いてくれているのです。しかし、困難な問題と一緒に必要な援助もすべて手に入れることができます。あなたの聖なる存在と、あなたの近くにいる素晴らしいガイドや天使たちに助けを求めさえすればよいのです。

小さな失敗をしたからといって、失望したり、信念をぐらつかせることのないようにしてください。ネガティブな勢力は、あなたに疑惑を抱かせ、決意を挫(くじ)くのが大好きです。大切な人たちよ、すべてが順調で快適な時に、「私は信じます」と言うのは簡単です。しかし、そういう状況では自己満足に陥りがちでもあります。残念なことですが、あなた方の物質世界では、試練と苦難を通じて目的と教訓をしっかりと学ぶことができるのです。

私たちにも困難な問題はあります。高次元の世界は三次元とは異なった現実で、異なった規則もありますが、のんびりとしたペースで前進することもできれば、困難な問題に積極的に立ち向かって突進することもできます。

愛する人たちよ、ライトワーカーであるとはこういうことです。私の軍団に属するあなたに召集がかかっています。「大きな出来事」に向けて、あなた方は準備をさせられているのです。準備をしなければなりません。あなたは今、訓練を受けている最中です。あなたのハイアーセルフと聖なる存在の導きのもとに、イニシエーション（通過儀礼）のプロセスを体験しているところです。ですから、あなたのスピリチュアルな筋肉を動かして、スピリチュアルな決意を固め、まだ残っている問題を克服し、完全に解決して、戦闘準備を整えてください。なぜなら、まもなく「武器を取れ」との号令が発せられるからです。私たちが言おうとしていることは、あなたがスピリチュアルな決意を表明して、マスターであることを自分の真実として宣言する時が来たということです。足を前に踏み出す準備をしておかなければなりません。

三次元の世界にどっぷりとつかった人びとが、物質的な報酬を蓄積しながら、享楽の道を楽しく幸せそうに歩いている一方で、あなたの人生は不安定そのものであるからといって嘆かないでください。すべてのものは見た目どおりではありません。このことに関しても裁きの気持ちを持って、あなたは罰を受けひどい目にあっているのに、彼らはご褒美をもらっているとは思わないでください。真実はそうではありません。このことはまもなく、あなたにも明らかになるでしょう。

道を発見する先達であり、道案内人であるあなた方は、頑(かたく)なな思考形態のジャングルを鉈(なた)で切り拓いていかなければなりません。ニューエイジの聖なる光が人類に注がれるように、あなた方は大衆意識の鎖を断ち切り、三次元の障壁を突破しなければなりません。この仕事が簡単であるとか、楽な仕事であるなどと私たちは言いませんでした。しかしはるか昔に、あなた方は、この仕事をやる力はある、プレッシャーをはねのけて障害物をすべて克服できる、と私たちに約束したのです。私たちはあなた方の言葉をそのまま信じました。しかし、このことを言っておきましょう。時として、あなた方は自分を疑うことがありますが、私たちはあなた方を決して疑いません。

私たちの勇敢な戦士たちよ、あなた方に何ができるか、何を達成する力があるか、私たちは知っています。ですから、どうぞ、勝利と輝かしい未来を見続けてください。私たちが送り出している愛情いっぱいのエネルギーで心を満たしてください。瞑想している時や静かな時間を持っている時に、私たちに語りかけてください。私たちは答えます。親愛にして忠実な戦士たちよ、驚くべき数の仲間たちがいま集結しています。あなた方の多くが遺産を思い出し、スピリチュアルな家族と結ばれています。エーテル界においても、数多くのスピリチュアルな家族が集結しています。私たちの勢力は増大しつつあり、来たるべき偉大な仕事に向けて体制を整えています。そして、勝利を収めるであろうことを私たちは知っています。

あなた方は必要とされています。あなた方は愛されています。あなた方の一人ひとりが、地球と太陽系の未来のための素晴らしい計画の欠かせない一部です。いつの日か、あなた方もまた、地球の限界や三次元の束縛から解放され、栄光の翼に乗って宇宙に自由に飛翔できることを知ってください。ですから、大いなる勇気を持ち、拍手をしてください。なぜなら、あなた方の進歩は実に目を見張るものがあるのですから。私はアーキエンジェル・マイケルです。この真実をあなた方にもたらす者です。

第21章　内なる私

私に何ができるだろう
私はあるべき私であることを私に証明するために
私は何を意味するのだろう
私は何に見えるのだろう
外から中を見ている私の目に
人生の旅路を旅する私
滑るように
重荷によろめきながら
スムーズで自由な道
そしてまた
いつのまにか回り道をしている私
そこはいるべき場所ではないのに
心をクリアにし
目を凝らして

心を鎮め
約束されたスリルの偽りを
見る私
何の価値もない事柄
成功がもたらすように見える
様々な喜び
内に向かう私
外に向かう私
上に向かう私
人生の夢を愛する私
でも心は知っている
これ以上の何かがあると
私は単なる訪問者
別な世界に姿を消す時
別な局面に姿を消す時
私は何になるのだろう
誰になるのだろう
名前は？

あなたもそこにいるのでしょうか？
私が本当に
大切に思っている人たち
あなたと会った時、分かるでしょうか？
あなたに触ることができるのかしら
あなたへの私の愛
私へのあなたの愛
何よりも大切な宝物
あなたの心のぬくもりを
私の心のぬくもりの上に置いて欲しい
長い時の流れの中で
分かち合った愛
最も大切なもの
あなたはそこに私といる

ロナ・ハーマン

第22章 アセンションボディーへの変容

こんにちは、愛する光の子どもたちよ。あなた方の惑星、地球で起こっている大いなる変化を目撃するのは、なんと心のときめく、スピリチュアルな体験であることでしょうか。エネルギーの波があなた方の頭上に押し寄せ、あなた方の内なる存在と母なる大地の内なる存在へと浸透していくにつれて、奇跡が起こりはじめています。天界にいる私たちの目には、神聖な光があなた方の内部で、そしてあなた方のまわりで強くなっているのが見えます。そして、周波数の波がエーテル界、そしてアストラル界へと上昇しているのを感じることができます。しかし、物質界に住んでいるあなた方にはあたりの暗闇とネガティブなエネルギーしか見えないという傾向があります。だからこそ、あなた方は前進していること、違いをつくり出しているということを知ってもらいたいのです。

あなたのスピリットを宿している器であるあなたの肉体について話したいと思います。はるか昔から、あなた方は自分の肉体と愛憎半ばする関係にあります。あなた方の多くは、二元性からなる三次元の世界に入るという挑戦と任務を受け入れた時、スピリットを肉体という衣で包まなければならないということを知りませんでした。三次元の世界に来てもライトボディーにとどまって、離れたところから実験を見守るのだろうと想像していました。したがって、窮屈な肉体の中に閉じ込められてし思い出すことができなかった時の話です）。

まった時、抵抗し、肉体から解放されようとして戦いました（どこから自分がやって来たのかをまだ思い出すことができなかった時の話です）。

幻想のヴェールと物質世界の制限が強くなるにつれて、あなたは徐々に忘れはじめました。しかし、細胞のレベルでは、本当の自分が誰であるか、本当は自由なスピリットであるという記憶をまだ持っていました。あなた方の中には、この記憶があるがために、長い間にわたって肉体を傷つけ生命を奪った人もいます。何度も何度も肉体という器から解放されようとしましたが、そのたびごとに、変容のダンスを最後まで踊りきるために、生まれ変わってこなければならなかったのです。

愛する人たちよ、あなた方の肉体という形を、美しい乗り物として抱擁する時です。あなた方は偉大なる真実と知識の守護者です。その知識はあなた方の細胞の奥深いところに埋め込まれており、存在の全領域に埋め込まれています。あなた方は周波数の伝道管であり、送信施設であり、莫大な情報の貯蔵所です。本来の自分のアイデンティティーを取り戻し、地上での使命を達成するために、その情報を取り戻し、自分のものであると宣言しなければなりません。自分という存在のすべての部分のバランスをとり、調和のとれたものにしなければなりません。乱れてしまったエネルギーを再調整し、バランスをとり、あなた方を無知と制限の虜（とりこ）にしてきた暗闇から伸びてくる触毛を切り払わなければなりません。思いと行動と習慣を通して、身体を浄化しなければなりません。あなた方の身体の細胞に滞っているエネルギーやネガティブなエネルギーを解放すると、それは身体の別な部分、たとえばなりません。

血液の中や分泌線、骨などに場所を変えてとどまることがあります。このような毒素のすべてを解放しなければなりません。そして、あなた方の当然の権利である健康と生命力を再び取り戻さなければなりません。

これをするための方法はいろいろあります。「ライトワーカー」の突然変異という症状については、いろいろなことが書かれてきました。あなた自身の内なる声に耳を傾けてください。ダイエットの変更、断食、ボディーワーク、鍼灸、マッサージ、様々な方法による身体の調整、呼吸法、ボディームーヴメント（身体をいろいろと動かしてエネルギーの調整をすること）、トーニング（身体の奥から自然に声を出すこと）、クリスタルによる癒し……何でもいいですから、あなたのスピリットの導きに従ってください。

これらの方法はすべて、浄化のプロセスを加速するのに役立つでしょう。それによって、肉体、感情体、精神体のバランスがとれるようになり、高次元から来る、より精妙なエネルギーを吸収する能力が増大することになります。神聖な光のエネルギーは食べ物のエネルギーとほぼ同じように働くということを、あなた方の多くは知らないようです。あなた方の肉体がこの光のエネルギーを処理して解放できなければ、それは何らかの形で滞ることになります。あなた方の多く（身体と愛憎半ばする関係を持っている人たち）は、このプロセスの最中に体重が増加しました。とくに、太陽神経叢（ハートチャクラ）＊（↓巻末用語）のあたりです。場合によっては、以前よりも食事の量が少ないにもかかわらず、体重が増えているかもしれません。光はエネルギーですから、消化しなければなりません。愛する人たちよ、あなた方は非常なスピードで突然変異を遂げているところです。実験を通して成長しているところです。

身体という着物を着心地がよいと感じ、この素晴らしい乗り物と友達になった人たちは、変容のプロセスを比較的簡単に乗り切ってきました。というのは、彼らは自分の肉体という存在と反目しておらず、身体は征服しなければならないものであるかのように、優位に立とうとして常に戦ってはいないからです。

あなたという存在の一つひとつの部分は全体を構成する不可欠の部分であり、その美しさと、全体に対する貢献のゆえに受け入れられなければならないものです。すべての部分の調和をとり、バランスをはかることが必要です。あなた方が物質の世界で機能しなければならない限り、身体は必要なものです。

あなた方の身体に入る神聖な光は、あなた方が初めて太陽系の世界にやって来た永劫にまで遡（さかのぼ）る昔に身体の中に配置された、コード化された光のクリスタルを活性化し、エネルギーを与えることでしょう。これらのクリスタルはこれまで活動を停止していましたが、いま再び活性化されているところです。新しいチャクラとエネルギーのヴォルテックス*（↓巻末用語）もまた活性化されており、その結果、あなた方はやがて十二の主要なチャクラを持つことになります。さらに、二重螺旋のＤＮＡも付加されているところであり、最終的にはあなた方は再びＤＮＡの十二の束を持つことになるでしょう。（それは今、られるのです。

あなた方のエーテル体で顕現しています）＊（↓巻末用語）。これによってあなた方の肉体の変容が始まります。神聖な光の注入ともあいまって、躍動する、若々しい、年老いることのないアセンションボディーがつくられるのです。

わが美しき戦士たちよ、あなた方は成長に伴う痛みの中でもがき苦しみながらも、日々力を増し、生命力を増大させています。停滞した古いエネルギーを解放するべく、あらゆる挑戦を受けて立ち、あらゆる機会を歓迎してください。内面で変容するものは物質的な現実において外面的にも顕現しなければならない、ということを思い出してください。あなた方の多くが日常生活の中で数多くの反目する状況を体験している理由は、ここにあります。これらの困難な問題を隠そうとしたり、避けようとしないでください。私たちは懇願します。これらの問題は、あなた方が、不調和のすべてを、不均衡のすべてを、外面的なものも内面的なものもすべて、これを限りに解決することができるようにと現われているのです。だからこそ、あなた方のガイドや先生や天使的な存在の助けを求めることが極めて重要です。彼らはあなた方のために奉仕し、手を貸そうと待ち構えています。あなた方の最も高遠な目的に、心の焦点を合わせつづけることが大切です。途中で体験する不快な体験ではなく、達成した暁に入手できる報酬に、心の焦点を合わせつづけてください。

毎日を生きる中で、瞬間瞬間を生きる中で、自分の未来を築くように、明るい未来を築くようにとの励ましのメッセージを、あなた方は聞かされてきました。エネルギーの波が増大し、あなた方の周囲の混乱が増す中で、これは最も大切なことです。ネガティブで乱れたエネルギーの渦巻きに巻き込まれないようにするために、純粋な宇宙意識の愛情深い光によって囲まれているという思い、守られているという思いに心を集中して、心を乱さないことが大切です。

愛する人たちよ、生活をシンプルにしてください。永遠であるもの、永続するものに心を集中してください。物を集めたり、短い時間しか継続しない肉体的な喜びを探求する代わりに、真実や愛や知識を集める人になってください。あなた方の世界をバランスのとれたものにしてください。やすらぎと調和に満ちたものにしてください。そうすれば、ありとあらゆる善きものがあなた方のところへとやって来るでしょう。しかし、物事の優先順位、習慣、趣味などは変わるかもしれません。

あなた方の母なる地球を癒す道筋はつけられていますが、まだ十分ではありません。そのスピードも十分ではありません。もっと多くのことが、もっと早くなされなければなりません。心からお願いします。どうぞ、この警告に耳を傾けてください。地球のガーディアン（守護者）として、あなた方の手に委ねて地球にもたらされた様々な種の守り手として、完全な責任を取るべき時が来ました。神聖な光のマスターとして、平和の維持者として、真実と愛を伝える者として、あなた方本来のアイデンティティーを我が物とする時が来ました。愛する人たちよ、この機会を逃さないでください。使命の達成に失敗して、再び数多くの暗闇の時代を通り抜けて登りつめなければならないという状況に陥らないでください。過去において黄金時代が崩壊したあとに、あなた方はそれを体験しなければなりませんでした。新しい時代の到来を告げる鐘が鳴り響いています。あなた方の種の変容が今まさに起ころうとしています。この贈り物を受け取って前進するか、それとも後退して、暗闇と争いと無知と制限の周期を続けるかのどちらかです。選択するのはあなたです。

愛する人たちよ、前に進み出てください。内面に手をのばし、上方に手をのばしてください。私たちは、神聖な光の象徴的な手をあなた方に差しのべます。創造主と聖なる生命の贈り物をあなた方に差し出します。あなた方が帰って来るのを待っています。あなた方は必要とされています。あなた方がいないために、みんな寂しく思っています。私、アーキエンジェル・マイケルと天界のマスターたちがあなた方を愛で包み込んで守っています。忘れないでください。あなた方は決して一人ではないことを。

第23章　スターカインドのためのエンジェルフード

（調査担当＝ロナ・ハーマン、アーキエンジェル・マイケルもその妥当性を保証）

できるだけ純粋な水を飲むこと。いわゆる精製された水や泉の水であっても、なかには有害な化学物質や要素が含まれているものもあります。経済的に許すかぎり、最善の濾過（ろか）システムを購入するとよいでしょう。また、いま飲んでいる水が純粋なものかどうかテストしてもらいましょう。時々、飲み水に有益なミネラルを足すこともお勧めです。純粋で凝縮されたミネラルを買うことができますから、指示に従って数滴入れればよいのです。あるいは、水差しの中にクリスタルを入れたり、色の違う石をいくつか入れてみましょう。これによって水のエネルギーが増大し、調和がとれた状態になり、さらに良い水になります。それと、水を飲む時には冷やした水ではなく、ちょっと冷たい程度の水か、室温の水を飲みましょう。一日、少なくともグラス六杯から八杯の水を飲んでください。コーヒーやソーダ水を飲む習慣は、できればやめるようにしたいものです。カフェインが入っていないおいしいハーブティーがたくさんあります。しかし、水にかなうものはありません。

ベニバナとオリーブオイルは身体のために最も良いオイルですから、毎日、少量使うべきです（あまり高温にはしないこと）。

セロリとリンゴは身体の酸とアルカリの比率のバランスをとるのに有効です。ニンジンジュースは身体の浄化に最適です。ニンジンとセロリのジュースを、リンゴジュースと交互に飲むようにすると（水で少し薄めてもよい）、一日から三日間の断食にはとても有効です。毒物を取り去り、停滞しているエネルギーを解放するのに極めて効果的です。

断食をすると、最初の二十四時間は空腹を感じるかもしれません。しかし、二日目からは、身体がしゃんとして、エネルギーが漲（みなぎ）ってくるように感じるでしょう。私たちの多くは、過去世で飢えた記憶が心の深いところに残っています。したがって、断食は、二、三日食べないと、死ぬかもしれない、あるいは病気になるかもしれないという思考パターンを打ち破るための適切な方法です。私もこれを体験しましたが、素晴らしい変化をもたらしてくれた体験でした。

浄化と活性のためのダイエット

毎日、四種類から六種類の野菜、二種類の果物、一種類のでんぷんを含む野菜、完全穀物で作ったパンを一切れ食べるようにしてください。食事と一緒に飲み物はとらないようにし、飲み物を飲むのは食事の十五分前か、一時間後にしましょう。体内の毒物を排出できるように、毎日、グラス六杯から八杯、あるいはそれ以上の水を飲むとよいでしょう。

アーモンドは素晴らしいアルカリ性の食べ物ですから、一日に少なくとも八個から十個は食べるべきです。できれば皮なしで、生のものがよいでしょう。しかし、脂肪分が非常に高いですから食べ過ぎないことが大切です。

白い小麦粉や白砂糖は食べないようにしましょう。その代わりに、ライ麦粉、玄米、アワ、黄色いコーンミール、ハチミツ、天然のメープルシロップ、あるいはフルーツジュースをとりましょう。

スープは、満足感が高く、おいしくもあり、経済的ですから、素晴らしい食べ物です。私の体験で最高のスープは、野菜の葉物、タマネギ、ジャガイモ、大麦、マッシュルームのスープです。いろいろ試してみて、好みのスープを作ってみましょう。塩は最小限にするようにしてください。結構、短期間に味蕾(みらい)は再訓練することができるものです。塩の代わりに、ミセス・ダッシュのような素敵なハーブの組み合わせを創造的に使ったり、ハーブのシーズニングをいろいろと組み合わせてみるのもよいでしょう。そうこうするうちに、塩味の強い食べ物や人工的なシーズニングは欲しがらなくなり、あなたの舌は自然食品の微妙な味を楽しめるようになるはずです。トウガラシをカプセルで摂取したり、食べ物に少しかけて使うと、新陳代謝が促進され、驚いたことに、胃によいのです。

植物繊維とタンパク質をとる最善の食料源の一つはマメ科の食品です。マメ科の中でもいちばん良いものから挙げると、ヒラマメ、ヒヨコマメ、ブラックビーン、インゲンマメなどがあります。菜食主義者やあまり肉を食べない人にとっては、これらのマメはとくに大切なものです。

ビートや、ビートの葉は肝臓と胆のうの浄化に非常に役立ちます。ビートジュースもよいですが、ごく少量だけとってください。

ニンジン、ビート、ズッキーニ、マメ、カボチャも大変身体のためによく、「光」の栄養素が豊富です。軽く蒸して食べましょう。私は電子レンジは使わないようにしています。

少なくとも一日に一回は大き目のサラダを食べましょう。数種類の緑色野菜と、三種類か四種類の生の野菜、それから何種類かのモヤシ、生のヒマワリの種を少々、カボチャやゴマの種、アーモンドの刻んだものやスライスにしたものなどで作ります。オリーブオイルとレモンでできた軽いドレッシングか味付けしてある米酢なども使ってみてください。自分で選んだ好みのスパイスを使ってみるのもよいでしょう。

バナナ、ジャガイモ、ハバード（栗カボチャの一種）はアルカリ性が強く、身体の酸とアルカリの比率のバランスをとるのに最適です。葉緑素は良質の血液をつくるもとであり、血液に酸素を添加してくれるものです。

ナトリウムとカリウムの摂取量のバランスをとる必要があります。ナトリウムは栄養素の中でも最も三次元的なものであり、U・S・アンダーソンが著書『The Greatest Power in the Universe』（宇宙最高の力）の中で指摘しているように、「時間」の要素を持っているものです。それに対して、カリウムは最も「宇宙的な」要素を持っているものの一つです。食物の中にある宇宙の要素はエネルギーに変わりますが、時間の要素は物質に変わります。

宇宙のエネルギーが身体に与える効果は、食料のエネルギーと同じものです。たくさん取り入れて、少ししか消費しなければ、体重は増えます。宇宙エネルギーの力が、円を描くようにして身体を通っていき、また戻って来ては身体を通過していくようにする方法を学ぶ必要があります。そうすれば、宇宙のエネルギーが身体のどこかで停滞して身体のバランスを崩すことがなくなります。エネルギーが自由に流れる回路がなければなりません。あなた方のエネルギーヴォルテックス、別な言い方をすれば、チャクラに詰まっているものをすべて除去しなければならない理由はここにあります。

私たちのハイアーセルフ*（↓巻末用語）、あるいは「キリスト意識の我れ」が、私たちがエネルギーをどのように活用するかを見守っています。進化すればするほど、摂取する食べ物やエネルギーに対して、より敏感になります。これは高次元の意識が優しく私たちの肩を叩いて、忘れてしまったものを思い出させようとしているのです。悠久の昔にこの地球にやって来たばかりの頃の純粋で自然なライフスタイルに戻るようにと促しているのです。その頃の私たちは、強力で完璧なまばゆいばかりの光の存在として地球を闊歩していました。私たちはこの時の状態に戻ろうとしているのです。身体に何らかのアンバランスや不快感があるとすれば、それはライフスタイルのどこかを見直す必要がありますよという、ハイアーセルフからの合図です。

私たちは自分自身に対して常に優しくしなければなりません。性急に裁いたり責めたりしてはいけません。あなたのマジック「ありてある我れ」の存在とハイアーセルフに、理想的な健康と幸福を入手するのに必要な変化を達成したいのです。そのための願望と意志を与えてくださいと頼んでみてください。もはやあなたのために役立つことのない毒素や習慣・願望を除去するプロセスを加速するために、毎日、紫色の変容の炎を使ってください。

毎日、あなたは完璧であることを宣言し、スピリットにきょう一日、完璧なバランスとやすらぎと調和の中で過ごすことができるように導いてください、とお願いするのです。そして、耳を傾けてください。完璧な自分の方向へと必ずや導かれることでしょう。親愛なる友よ、そこでお会いしましょう。

第24章　神聖なる剣

愛する光の子どもたちよ、「マイケルのコンクレーブ」と呼ばれる素晴らしい集い（つどい）で何があったか、一部その話をしたいと思います。これはライトワーカーの再会を祝う会であったのですが、一九九四年の三月二十四日から二十七日にわたって、カナダのアルバータ州・バンフで開催されたものです。

あなた方の多くは、バンフはエーテル界*（→巻末用語）で私が休養する場所であることを知っています。あなた方の地球が完璧であった黄金時代に、マスターの方々、他の天使たち、諸々のデーヴァ（地霊）や精霊があなた方の目にも見えた場所、それがバンフでした。私たちはあなた方と一緒に歩き、語り、交流していました。私たちは現在のあなた方ほど質量感はなく、輪郭も明瞭ではありませんでした。しかし、あなた方も低次元に落ちてゆくまでは私たちと同じだったのです。

あなた方の誰もが、高次元の存在、目に見えない世界の存在を見たい、そして交流を持ちたいと願望し、切望しています。しかし、あなた方は忘れてしまったのですが、私たちは過去においてあなた方の間を闊歩していたのです。その当時、三次元の物質界であなたが友達に対してリアルに見えるのと同じくらいに、私たちはあなた方にリアルに見えたのです。あなた方の中にはこの感覚を獲得しつつある人もいますが、時がたつにつれてこれはますます明白なものになっていくでしょう。

私たちは長い歴史を通じてこのコンクレーブを何度も開催してきましたが、常にあなた方の世界の歴史の中で大いなる変動と大きな変化が起こっている時に行われました。今回の集いも例外ではありません。この会議で起こったことを正確な名前で呼ぶとすれば、五次元への導入ということになるでしょう。なぜなら、出席者の多くは、現在の人間が存在して以来いまだかつて体験したことのないレベルの意識と、目的の合一性、すべては一つであるという思いに到達したからです。

このコンクレーブの周辺から立ち昇った思考形態の素晴らしさをあなた方に見せることができたら、強烈な愛の思い、トーニング（身体の奥から自然に声を出すこと）や瞑想、平和と調和を目指した強烈な心の交流を通じて発せられたエネルギーの精妙な色と力をあなた方に見せることができたら、そして最も高遠な目的へのまごうことなき献身の姿を見せることができたら、と思います。それを見ることができたならば、あなた方が持っているいつでも自由自在に活用できる力を二度と、決して疑うことはないはずです。この最も神聖にして祝福されたグループによる、統合され、かつ力を合わせた行動のおかげで、あなた方の世界、そして周辺の存在がどれほどの恩恵を受けることができたか、それはあなた方の想像を絶するものがあります。

これは、あなた方の未来のマスターが数多く集まった集いでした。変容とアセンション、すなわち新しい黄金時代の建設という目的のために、自らを捧げ、大切にしているもののすべてを捧げた人びとです。人間の営みのあらゆる領域、不和と不調和のすべての角度が検証され、論じられ、妥当で実行可能な結論とプロセスがもたらされました。リーダーになるために他人よりも優位に立とうとしての戦いや競争はありませんでした。すべての参加者が、自らの誠実さにおいて行動し、叡知を分かち合い、他の人びとの知識と体験に耳を傾け、自らの知識と効率性を増し、高めたのです。それはスピリチュアルな家族の再会でした。意識の無数の局面が一堂に会し、お互いが分かち合うべき贈り物を持ち寄って、全体に寄与し、全体を補足したのです。

この集いで感じられた愛と自覚の贈り物、一体感は、あなた方が全体と一体になるプロセスを開始した時にやって来るものの前触れに過ぎません。それは最終的には、他の次元の仲間の旅人たちとの一体感であり、グレート・セントラル・サンに居住するあなた方の宇宙の名づけ親であり、あなた方の父にして母なる神との一体感です。これはあなた方の運命であり、究極のゴールです。

この会議でロナをチャネルとして私が伝えたメッセージの一部を、あなた方にお話ししたいと思います。まず第一に、あなた方が現在、ここ地球に存在している理由は、このプロセスにおいて不可欠の役割を演じているからだということです。あなた方はまだ火花ですが、まもなく燃え盛る聖なる光の狼煙(のろし)となることでしょう。この聖なる光はあなた方の母なる地球から輝き出て、やがて地球を完璧な光り輝く星へと変容させることでしょう。しかし、あなた方は召集に応じなければなりません。宇宙エネルギー、そして宇宙の建築資材である愛と光が加速度的に注入されていますが、あなた方はそのための準備をし、浄化をしなければなりません。

　このエネルギーが地球全体と人類のすべてに無差別に注がれることは、もはやなくなります。この祝福されたエネルギーをネガティブな目的に使った時、どれほど悲惨な結果をもたらすことになるかが分かるからです。憎しみを持っている人はさらにそれを増大させ、強迫観念に取りつかれた人びとはさらなる権力と支配を求めて競い合い、欲に取りつかれた人びとは、いかなる代価を払ってでも、それが他の人にどれほどの苦しみを与えることになっても、さらなる富を求めようとします。あなた方の兄弟や姉妹の無分別な殺戮（さつりく）は、本当の意味で、あなた方自身の一部を破壊することです。

　これからは、地球全体に注がれていた愛と光のエネルギーは停止され、肉体・精神体・感情体を浄化し、バランスをとることができている人たちだけに、レーザー光線のように当てられることになるでしょう。その結果、あなた方はこのエネルギーを愛情を込めて効率的に伝える伝道管となり、エネルギーを自分に引きつけて自分の身体を通すことによってエネルギーを増幅し、全人類の最高の幸福のために、全き（まった）愛情と同情の思いの波動で放射するのです。あなた方は自分の様々な予定を壮大な宇宙の進化プログラムのために投げ出し、銀河系の天使団と再び一緒になって、宇宙秩序の中における自らが属する本来の場所に戻ろうとしているのです。このエネルギーはやがて光り輝く都市になるであろう様々な地域に重点的に注がれ、憎しみと恐れのために真っ暗な国や地域はお互いに争い合うままに放置され、やがて創造主の生命力が欠如する状況の中で衰え、滅びてゆくでしょう。

高められ、かつ重点的に注がれるこのエネルギーの贈り物とともに、一つの忠告を受け取っていただく必要があります。このエネルギーを受け取ったならば、それを行動に移さなければなりません。前に足を踏み出して、神聖な計画と波長を合わせながら、目的を持って力を行使する人になるというプロセスを開始しなければなりません。なぜなら、あなたがもしもそうしなければ、創造という宇宙の贈り物はあなたの手から取り上げられ、この宇宙エネルギーを適切な目的のために活用する誰か別な人に与えられることになるからです。

あなた方ほどには準備ができていなかったとしても、あなた方ほど才能に恵まれていなかったとしても、与えられた贈り物を使う人びとにはさらなるものが与えられ、想像を絶するほどに力づけられることでしょう。黙想と理論の時代は終わりました。なぜなら、あなた方が理解しているところの時間はなくなりつつあるからです。あなた方の遺産を我が物であると宣言し、一歩前に足を踏み出してあなたしか果たすことのできない役割と任務を引き受ける時です。そうです、あなたがこの物質世界にやって来る前に引き受けた任務を自分の任務であると宣言する時です。

この時代は奇跡の時代になるだろうとも言われてきました。最初は、小さな取るに足りない奇跡かもしれません。しかし、それらの奇跡を我が物であるとして宣言し、承認していくにつれて、より大きな顕現、より奇跡的な出来事がやって来るでしょう。手を差し出し、心を差し出し、宇宙の豊かさで溢れんばかりに満たしてください。愛情でいっぱいの人間関係、やすらぎ、喜び、調和、そして、そうです、物質的な豊かさで満たしてください。そうすることによって、マスターが三次元の暗闇の向こうにある精妙な次元でどのような生活をしているかを、世界の人びとに見せてください。

愛する人たちよ、一緒に集まって瞑想し、祈り、目的のある行動をとるようにあらゆる努力を払ってください。夢や願望を分かち合い、あなたが選択した行動においてお互いをサポートしてください。今こそ、共に集い、団結し、協力し、共に行動する時です。そして、強力なマスターたちが高遠な理想のもとに結託し、神聖なアジェンダ（予定行事）が少数の人びとのためではなく人類全体のために実行に移される時、何を達成することができるかを世界の人びとに示す時です。

私が神聖な意志と真実と勇気の剣（つるぎ）を携えていることを、あなた方は知っています。しかし、あなた方が光の軍団の私によって任命された戦士の一人としてまだエーテル界にいた時に、この剣が象徴的にあなたの手に預けられたことを知っていたでしょうか。しかしながら、あなた方はこの剣を本来意図された目的に沿って必ずしも使ってはきませんでした。これまでの様々な時代を通じて、それは男性エネルギーの力を象徴する剣となり、支配と征服と戦いを象徴する剣となってしまいました。私はこの剣をあなた方から取り上げるつもりはありません。なぜなら、あなた方は神聖な意思と真実と勇気を非常に必要とするようになるからです。しかし、その強さを和らげて、新しい武器にしてあなた方に与えることにします。祝福された我が戦士たちよ、この言葉を読んだあとに、心の中に入っていき、私が言っていることの真実性を感じてください。そして、そのエネルギーが体内を駆け抜けるのを感じて、確かにこの贈り物があなたに与えられていることを実感してください。

意識をクラウンチャクラ*（↓巻末用語）に置いて、この広大なエネルギー源の花弁が大きく開いていくのを感じてください。銀色のコードがクラウンチャクラからあなたのハイアーセルフに向かって上昇していく姿を想像してください。このコードは毎日太く強くなってゆきます。ここで、青い光の炎が燃え立つ一本の剣を想像してください。この剣の中心部分からホワイトゴールドのクリスタルのエネルギーが放射され、それがゆっくりと降りてきてあなたのクラウンチャクラを貫き、脊髄を通って下へ降りてゆきます。その過程で、あなたのエネルギーセンター、すなわちチャクラの一つひとつにエネルギーを与え、活性化してくれます。この剣があなたのルートチャクラ*（↓巻末用語）を貫いて、母なる大地におよそ六十センチの深さで突き刺さって立つのを感じ取ってください。

その剣から奔出（ほんしゅつ）する躍動的なエネルギーの炎を体験してください。その炎があなたを包み込み、それ以下のエネルギーしかないものは決して貫くことができないスピリチュアルな鎧（よろい）をつくってくれます。この剣の柄（え）があなたのハートセンターに心地よく収まっている様を想像してください。三重の炎があなたのハートセンターの中で明るく燃えているのを見てください。なぜなら、これがあなたのスピリチュアルな記章だからです。あなたの勇気の盾にはこの記章がついています。両腕を思いきりのばしてください。左の手に埋め込まれた、神聖な意思の象徴である青い宝石が燃え立っているのを見てください。あなたのハートセンターではきらきらと輝く太陽の黄金色のエネルギーが、あなたの神聖な叡知が活性化されるにつれて輝きはじめるのを見てください。この剣をあなたの右手に固定させているのは、神聖な愛の象徴である、虹のように色が変化するピンクの宝石です。私たちは、あなたの身体の男性的側面と女性的側面という両極性を変えようとしています。そうすることによって、あなたがこの二つのエネルギーを融合して、中性的になり、よりバランスがとれた統合された存在になるようにしたいのです。

愛する人たちよ、この剣は十字架ではありません。復活とアセンションの剣です。愛と叡知に溢れた同情の思いによって男性的な力の剣を和らげるために、あなた方一人ひとりの中に私が置く女性的な剣です。あなたが自分で選択した使命に向かって進んでいく時、この剣を携えていってください。

今は再統合の時代で、すべてが一緒になる時代であると、私は何度も繰り返し述べてきました。しかし、最初に一つの存在としてのあなたの様々な部分と再び知り合い、再び一体とならなければなりません。そうすることによって、変化しつつある大衆意識に全体性の意識をあなたの贈り物としてもたらすことができます。それは一歩一歩進めていくプロセスであることが分かっていただけるでしょうか。そういうわけで、まず最初に自分自身のスピリチュアルな健康と安寧の面倒を見るようにとの指示がなされたのです。これが達成されれば、個人的な成長や悟りといったことは忘れてもいいことが分かるでしょう。なぜなら、あなたという存在の強力で完璧な部分と再びつながったからです。その時はじめて、より大きな目的のために真に役に立つ準備ができるのです。あなたはもはや「……になる」ではなく、「……である」状態を達成しているでしょう。あなたは、まさにあなたのスピリチュアルなあり方そのものであり、あなたの真実そのものであり、あなたの誠実さそのものであるでしょう。完璧なキリスト意識を放射する存在となっていることでしょう。

愛する人たちよ、これがあなた方のゴールです。このゴールはあなた方が考えているほど遠くではありません。

このコンクレーブに参加した人びとの全員に、神聖な愛の力がインスピレーションを受けて注がれました。こうして注がれた愛は世界中に共鳴することでしょう。あなた方の一人ひとりが、最後の微調整を受けて、達成すべき目標の方向により近づいたように感じることでしょう。達成すべき目標とは、この計画ないしは使命におけるあなた自身の役割を果たすということです。そういうわけで、愛する人たちよ、あなた方の心と魂の聖なる放送局のチャネルを変えないでください。なぜなら、放送されるメッセージをあなた方は聞き逃したくはないはずですから。

愛する人たちよ、私は、愛と同情の私の剣をあなた方の存在の内部に入れました。さらに、あなたとあなたのキリスト意識のつながりを強化しました。神の力によって守られていること、労働の報酬はまもなく与えられることを確信して、前進してください。私はアーキエンジェル・マイケルです。この真実をあなた方にもたらす者です。

コンクレーブでは次のような合言葉が語られました。

あなたの言葉を歩くだけでなく、あなたのヴィジョンを飛翔しよう！

第25章　夢の実現

愛する光の子どもたちよ、あなた方の人生のすべてがバランスのとれたものとなり、浄化のプロセスが完了した時、何がやって来るのか、どのような世界を期待できるのか、ここでその未来を覗いてみましょう。

あなた方が疲れていること、時として失望を味わっていること、しばしば焦りを感じていることは私たちも知っています。しかし、分かっていただきたいのですが、これはすべて一つの目的のためになされていることです。それは高遠な目的で、達成されれば全人類が恩恵を受ける目的です。払われた犠牲は、大きなものであれ、小さなものであれ、すべて目にとどめられています。あなた方の献身的で揺るぐことのない努力が千倍になって返ってくるように、あらゆることが正当に評価され、記録されています。

やがて来たるべき時においては、自分自身の数多くの分身を調和させるために、これまで一生懸命に努力し、魂の暗い夜を苦しんできたあなた方は、信じていた奇跡が物質の世界で顕現しはじめるのを目撃することでしょう。歩むべき運命の道がよりはっきりと明確になり、道が開かれ、障害物は次々と消えてなくなるでしょう。身体の具合や様々な人間関係は改善され、周辺にまだ残っている不調和な要素は、すべて霧のように姿を消すことでしょう。

愛する人たちよ、人生を流線型にしてください。もはや役に立たないものは捨てる時です。真実のところはあなたが所有しているというよりも、あなたがそれによって所有されている所有物の余分な重荷を捨て去ってください。あなたの時間とエネルギーと注意を奪っている余分な重荷は捨てるべき時です。新しいライフスタイルを生きるための道を切り拓いてください。緊密なつながりを持ったコミュニティーでのライフスタイルを確立するのです。そこには、同じような考えと心と意図を持った人たちが磁石で引き寄せられるように集まり、全体の一つひとつの部分をサポートし、援助し、育み、力づけるでしょう。それがどんなにささやかな部分であっても、です。

つい最近まで、地球全体に無差別に注がれていたエネルギーが、これからは特定の地域にだけ重点的に注がれるようになります。このエネルギーに波長が合っていて、準備ができているあなた方の一人ひとりが、それぞれのソウルソング（魂の歌）に共鳴する場所にどうしようもない力で引きつけられていくことでしょう。ソウルソングとは、あなたが長い年月にわたって持ちつづけてきた完璧なエコーであり、あなたの細胞構造の中に深く埋め込まれているものです。

これからの数年間、これらの地域のエネルギーが強化され、様々な奇跡が現われはじめるでしょう。

様々な建物、サービス、家、学校などは、無駄がなく効率的なものとなるでしょう。自給自足するのに必要なものが、すべて簡単に姿を現わしてくるでしょう。美しいこと、バランス、そして調和がキーワードです。その意味は、いかなるものも犠牲にされることはなく、すべてのことがケアされるということです。これを計画するに当たっては、人びとのニーズをすべて考慮に入れるだけでなく、母なる大地と自然も重要な部分になります。人びとのニーズと母なる大地のニーズが相反することなく、お互いに調和し、育み合う関係となるでしょう。

高い波動に共鳴しない人たちは、こうした地域では不快感を体験することになります。したがって、波長の合わない人がそのような場所に住みつくという心配はいりません。そういう人たちがそこにとどまりたいという願望を持つことは決してありません。なぜかその理由は分からないにもかかわらず、はっきりと不快感を味わうからです。

苦しみが満ちみちている地域は、地球の大変動、ないしはライトワーカーたちのエネルギーと力によって浄化が促進されて、そこに住む人たちが覚醒のプロセスを開始して自らの運命を自らの手で支配するようになるまで、苦しみが続くでしょう。愛する人たちよ、日一日と、あなた方は力を増しています。そして、あなた方の集中的な意図の力は世界中で感じられています。

あなた方はリーダーとして様々な奇跡を顕現しつつありますが、これまで疑っていた人たちの多くも、確かに何かが起きていることに気づきはじめています。単なる「空想」でもなければ、「ペテン」でもないことに気づきはじめています。あなた方が物事を顕現しているという事実を、彼らも認めるでしょう。あなた方は、自分の人生においてだけではなく、周囲全体に調和を醸し出しているのです。あなた方はやすらかで、心静かで、大衆意識の中を席巻している混乱はあなたには触れることもできず、何の影響も及ぼすことがないように見えます。

すると、何が起こるでしょうか。彼らはあなたのところにやって来て、質問しはじめるでしょう。あなたはこうしたことのすべてを簡単に達成したようですが、どうしてそんなことができるのですか（もちろん、彼らはあなたがどれだけ努力してきたかなど知る由もありません）。私たちが知らないことで、あなたが知っていることは何ですか。その時、答えてあげるのです。自分の内面に心を向ければ宇宙の力にアクセスすることができる、と教えてあげるのです。

壁が崩壊しているのが見えているでしょうか。それは物質的な壁だけでなく、信念体系の壁も含めてです。ヘルスケアや治療の問題、身体の予防医療の重要性がまったく新しい次元へと飛躍を遂げています。逆症療法（治療中の疾患と異なった症状を起こさせる薬剤を用いてその疾患を治療する方法）を用いている医師は、長年のあいだ頑なにしがみついてきた時代遅れの方法の見直しを迫られることになるでしょう。身体と心とスピリットのバランスと調和が、ニューエイジのグルだけでなく、一般大衆にとって当たり前のことになりつつあるのです。

三次元的な思考を持った人たちがどれほど抵抗しても、人種・信条・文化の違いによる壁はゆっくりとではありますが崩壊しつつあります。孤立主義と利己主義の時代は終焉を迎えつつあります。「一人のための全体、全体のための一人」という合言葉が、大衆意識の中に静かに浸透する時代が始まっています。

変化や変遷は不安や不安定といった感情をつくり出します。しかし、愛する人たちよ、私たちはこう言いたいのです。あなた方がすべての存在のために最も高遠にして最善のことを意図して変化が起こることを許せば、これまでかくも長い間、あなた方が身体の中に持ち続けてきた夢や願望を究極的には実現することになる、と。それは、平和と喜びと豊かさそのものの「勇敢な新世界」として顕現するでしょう。

まわりの人たちに、あなたの信仰の強さ、決意と目的に対する揺るぎなき献身の大切さを見せてあげてください。愛する人たちよ、真実をはっきりと語る時です。説教するのではなく、あなたの意図を宣言してください。愛情を込めて、しかも断固として、本当に感じていることを表現するのです。あなたが誰であるか、あなたは何のために戦う準備があるのか、地球と、地球に住む人びとの未来に対してどのようなヴィジョンを持っているのかを表現してください。さらに、最後の審判が来ると触れ回っている人や、自分だけが真実を知っていると思ってあらゆることに反対して、自分自身やまわりの人たちを苦痛と怖れとマイナスエネルギーの外套に包み込んでしまっている人たちとは違うということを明らかにするのです。

そういうわけですから、あなた方にお願いします。毎日毎日、瞬間瞬間を、心静かに、すべてが完璧になることを確信して、あなたの聖なる「ありてある我れ」に包まれて、同時にその存在による力づけを得ながら、突き進んでください。そして、次の確言を唱えてください。

きょう私は、私自身のキリスト意識からくる内なる声を信頼します。踏み出す一歩一歩が、成し遂げる仕事の一つひとつが、私が大切に思っている夢に近づけてくれることを私は知っています。

愛する大切な戦士たちよ、私たちも助力の手を差しのべます。あなた方の愛情に満ちたエネルギーによって、地球と、地球に住む人びとをサポートしてください。地球と、地球に住む人びとを次のレベルの意識へと上昇させ、新しい意識へと上昇させてあげてください。愛する人たちよ、今回は失敗することはありません。天国の最愛の存在たちが皆、このことを保証しています。私たちは、愛と保護のオーリックフィールド*(↓巻末用語)の中にあなた方を包み込んでいます。私はアーキエンジェル・マイケルです。

第26章　スピリットと物質の十字架

愛する光のマスターたちよ、最も高き世界より挨拶を送ります。アセンションの剣（つるぎ）について、また復活の十字架について話しました。今回は、スピリットと物質の十字架について探究してみましょう。

あなた方は聖なる光の光線に乗って次元を下降しました。その聖なる光は、キリスト意識のあなた、ないしは、あなたの「ありてある我れ」とあなたをつなぐものであり、垂直のエネルギーの柱でした。しかしながら、あなた方が三次元の世界、すなわち物質の世界に降りてきた時、あなた方は物質の水平にのびる柱によって固定され、そこに一つの十字架が形成されることとなったのです。

あなた方の三次元での密度が増大し、物質の世界に浸りきるようになるにつれて、あなたのハイアーセルフの光の柱は小さくなりはじめ、最後には細いコードになってしまいました。一方、物質の水平な柱は重く太くなっていきました。これらのエネルギーは存在の中心であるハートセンター、すなわちソウルセンターに固定されています。こうして、物質世界の二極性の中であなたがバランスを崩すようになるにつれて、シーソー効果が生まれました。このシーソー効果のために、あなたは最初は右に傾き、それから左に、そして前後にという具合に、常にバランスが崩れている状態になったのです。

このプロセスがいま逆転されつつあります。すなわち、あなたを物質界に固定させている十字架の水平の柱が縮小し、細くなり、短くなっているのです。一方、「ありてある我れ」の柱は、キリスト意識のあなたへのアクセスの頻度が増すにつれて太くなり、強くなり、炎のように光り輝いています。これが十字架という記号が意味することであり、最愛のイエスが十字架にかけられた理由です。イエスの復活は、物質に対するスピリットの高らかな勝利宣言だったのです。

そして、あなた方がいま体験しているのはまさにこのプロセスです。ただし、あなた方は十字架の上で死ぬ必要はありません。あなた方は十字架を超越し、聖なる光の柱に乗ってアセンションを遂げるでしょう。

バランス状態がよくなり、二極性を超越し、三次元体験のネガティブなあり方や限界を超越するようになるにつれて、あなた方は徐々に自分自身を解放していくことになります。その結果、意識のこの柱を昇っていくことができるようになります。まもなく、ハートセンターの水平の柱を完全に吸収してしまう日が来ますが、そうなると、あなたは光の柱を通って自由に舞い上がり、ライトボディー*(→巻末用語)と融合することができます。ライトボディーとはキリスト意識のあなたであり、本当のあなたです。そこであなたは虹のように色が変わる純粋そのものの外套を身にまとい、もしそう望むならば、この同じ柱を伝って降下し、次元上昇したマスターとしてこの地上を歩き、他の人たちのために道を光で照らすこともできるのです。この仕組みがいかに完璧であるか、お分かりいただけるでしょうか。

あなた方は皆、目を天に向けて、これから何が起こるのか、その前兆やしるしを探そうとしています。私たちに言わせれば、こうです。今、地上で顕現しつつあるショーほど見事なショーは天国にはない、ということです。地上の魂が次から次へと爆発するように光の意識に目覚めていくショーほど、見事なショーはありません。五次元の妙音の世界に入っていく準備として、四次元の高い局面にある顕現のエネルギーへのアクセスの頻度が高くなるにつれて、あなた方の野望や願望を実現する手伝いが私たちにもできるようになります。それはあなた自身のためだけではなく、人類全体のためであり、あなた方の太陽系のためでもあります。私たちには神の心の電磁波エネルギーを三次元の世界に送ることはできますが、あなたが願望することを顕現することはできません。それはあなたの仕事です。あなたが三次元にいるのはそのためです。精妙な波動を持つ高い次元にあなたがアクセスできるようになった時、その時はじめて、私たちにもあなた方に援助の手を差しのべることが可能となり、あなた方が取り組んでいることに力を貸すことができます。

これまで祈りを捧げ、瞑想を行い、豊かさのための確言を唱え、健康になりたいと確言を唱えてきたけれど、何の役にも立たなかったと、実に多くの人たちが嘆いています。この物質の十字架のバランスをとり、光の柱に沿って意識を高めて本当の自分のところまで行き、あなたを待っている顕現の法則という宝物にアクセスするまでは、願望を実現することはないでしょう。あるいは、あなた方の願望は多大なる努力を払うことによってゆっくりと顕現することでしょう。

自分を完璧であると見なしてください。様々な試練や問題の本質を見破ってください。試練や問題は幻想であり、エネルギーや思いを間違って使っていることの現われであるということです。あなた方はマスターとしての見通しのきく場所からこの世界を見はじめなければならないということを、私たちは言いつづけてきました。すなわち、すべてのことをバランスと調和において見なければならない、ということです。物質的な意識の柱を適切な場所、つまりあなたのハートセンターに戻すと、あなたの魂は自覚・力・真実・純粋性が光り輝く黄金の光となって出現するでしょう。

あなた方は、現在は地球の核に固定された状態で、二元性の体験を生き延びてこなければならなかったわけですが、そもそもは、あなた方の「父であり母である創造主」の心の中にあるグレート・セントラル・サンの完璧な核の中に固定されていた、ということが分からないでしょうか。今でもそこに固定されているのです。しかし、三次元世界の引力がそのつながりを強く引っ張っているために、今にもパチンと切れてしまいそうな状態です。愛する人たちよ、あなた方の魂からストレスや緊張を解放してあげなければなりません。まだ当分のあいだは足を地球に固定しておいてください。しかし、降下してきた時に通った光の道を飛翔して戻ることができるように、魂とスピリットは解放してあげてください。

人生の様々な二極性を解放して、よりバランスがとれた状態になると、二極性からくるストレスと緊張から地球を解放することにもなります。あなたが完璧に力づけられた光の存在になると、キリスト意識の素晴らしいエネルギーがあなたを通って地球に流れ込んでいくことになります。いや、ものすごい急流となって注ぎ込まれることになるでしょう。愛する人たちよ、その時、ニューエイジの様々な奇跡が次々と実現することになるでしょう。

あなた方が三次元の有限な体験をしている間は、すべてのものの見方にはそれぞれ平等な権利があること、どのような見方もある人にとっては妥当なものであるということを理解しなければなりません。すべての意見に同意したり、容認したりする必要はありませんが、それが存在するのは誰かがレッスンを体験しなければならないからです。低い波動の思考形態に抵抗したり、憎んだり、戦ったりすることによって、力を与えてはなりません。あなたの高次の知識と紫色の変容の炎によって、あなたの愛を通して解放してあげることです。あなたの力と真実を信じて歩いてください。しかし、人の心を変えたり、他人を自分のイメージに変えることはやるべきことではない、と知ってください。

キリストエネルギーの光によって完全に囲まれて満たされていれば、まわりで渦巻いているネガティブなエネルギーに影響を受けることはありません。それどころか、あなたがあなたであることによって、そうしたネガティブなエネルギーに影響を与えることができます。誤った情報を与えられている人たちを祝福してください。踏みにじられている人たちを慰めてあげてください。ネガティブな思考形態の監獄の中でまだもがき苦しんでいる人たちのために祈ってください。彼らの完全な姿を見てください。愛するマスターたちよ、あなた方は違いを生み出しています。アストラル界＊(→巻末用語)の下部局面から、長い歴史を通して蓄積されてきた誤ったエネルギーが徐々に取り除かれ、純粋で聖なる光があなた方の世界にますます浸透するようになりつつあります。あなたの「ありてある我れ」の存在の柱が強化されていくにつれて、純粋なキリストのエネルギーを、光の担い手としてのあなたに、共同創造のマスターとしてのあなたに、ますます集中的に注ぐことが可能になります。

瞑想をする時に、この物質の十字架がだんだん小さくなって、あなたのハートセンターの中に吸収されていくのを見てください。ホワイトゴールドの光の柱を伝ってあなたが上昇してゆき、高次元の精妙な世界で私たちと出会って一緒になる姿を見てください。物質の十字架が世界中で小さくなってゆき、地球と人類が解放されてゆく姿を見てください。その結果、残されているのは天国から降りてくる偉大な光の柱だけで、それが地球に住む一人ひとりの心と地球そのものを貫き、最後にはすべてのものが光り輝く光の狼煙（のろし）となって宇宙に向かって放射され、新しい星、地球の誕生を宣言する、その光景を見てください。

愛する人たちよ、最初に、バランスがとれていないものは何か、最高の叡知に属していないものは何かを認識する必要があります。そのあとに、再構築、そして訂正がなされなければなりません。場合によっては、破壊によって道を切り拓かなければならないこともあります。それから、決意が必要です。決意とは、魂のレベルでの決断です。それから、調整、ないしは復活のプロセスを経て、より高次の形態、真実の形である統合とバランスに到達しなければなりません。これが、あなた方が歩いている道です。あなた方の目の前にある仕事です。

瞑想をする時に、クリスタルピラミッドの力を使って、キリスト意識のあなたが住むエーテル界にアクセスしてください。エーテル界では、顕現の世界と可能性を付与してくれる世界により近づくことができます。心の中にこのヴィジョンを意識的に建設する時、クリスタルのピラミッドをエーテル界に建設しているのだということを知ってください。そして、それらのピラミッドは近い将来、北アメリカ大陸の未来の光の都市に顕現するであろうことを知ってください。これらの場所は、「普遍的な心」からやって来る宇宙エネルギーの焦点となるでしょう。

それは光と癒しと叡知の場所となることでしょう。新しい世界を想像する時、心の中にこれらの都市を築いてください。なぜなら、あなた方の未来にあってはこれらの場所で数多くの奇跡が顕現することになるからです。

愛する人たちよ、あなた方の考えに注意を払い、観察してください。なぜなら、あなた方の考えはあなた方自身と同様に強力な力を持っているからです。あなた方の世界にすでに存在する不均衡に、さらなる不均衡を付加しないでください。そうする代わりに、自分のバランスをとることに心を集中し、あなた方の兄弟姉妹が心の内外において調和を達成し、統合とやすらぎを達成できるように力を貸してあげてください。

あなたのまわりにやすらぎと調和のオーラを形成してください。そうすれば、あなたの行く先々で、完璧で聖なる光を広めることとなり、あなたが立ち去ったあとには純粋な愛と光が航跡のように残されるでしょう。

愛する人たちよ、私たちは可能な限りの方法を用いてあなた方に援助の手を差しのべています。あなた方の意識のバランスの度合いが十分に達成されて、高次元に上昇して私たちの意識に触れる日が来るのを楽しみに待っています。その時、私たちは、純粋な意識、純粋な光という贈り物をあなた方に注ぎ込むことができるでしょう。その日はまもなくやって来るというビジョンを、私たちは持っています。愛する人たちよ、努力を続けてください。失敗することはありません。あなた方が達成した進歩に、私たちは大いなる喜びを感じています。私、アーキエンジェル・マイケルと天界のマスターたちはあなた方に敬礼を送ります。

第27章　人生は時計

人生時計のゼンマイは
ただ一度巻かれただけ
時計の針がいつ止まるのか
夜遅くなのか、朝早くなのか
それは誰にも分からない
あなたが持っている時間は
今だけ
意思を持って
生き、愛し、耕すべし
明日まで待つことのなきように
なぜなら
明日には時計は止まっているかもしれないから

ロナ・ハーマン

第28章 進化を阻む約束を破棄する

愛する光の子どもたちよ、私はアーキエンジェル・マイケルです。私はこの本を読んでいる人の一人ひとりに、あたかも直接コミュニケーションをとっているかのように話しかけます。なぜなら、実際に一人ひとりに直接話しかけているのですから。私の名前、私のイメージ、私の言葉に共鳴するあなたは、今、本来の自らのアイデンティティーを我が物として宣言するように、と呼びかけられています。私および私の軍団との親密な関係、それをあなたの遺産であるとして宣言することを求められているのです。

あなたが創造した世界に対する責任を受け入れることから始めなければなりません。それから、あなたの周囲に存在する不完全なもののすべてを修正して、バランスをとらなければなりません。これまでの長い年月にわたってあなたを支配してきた、役に立たない時代遅れの誤った概念や、部分的に正しい考えや、真実ではない考えを手放す時です。あなた自身の分身や断片的存在と取り交わした約束のすべてを破棄する時です。あなたがつくり出したカルマの絆(きずな)や合意のすべてを断ち切り、あなたが物質世界に初めて人間として生まれて以来、魂とエーテル体*(→巻末用語)に蓄積してきた制限的で呪縛的な刻印のすべてを手放す時です。それは、ダーククリスタル、ライトクリスタル、刻印、埋め込み、埋め込まれたコードなどなど、様々な名前で呼ばれていますが、それがどのような名前で呼ばれようと、それは手放す時であり、今はあなたを聖なる光で満たす時です。聖なる光とは、真の知識であり、神の心の叡知です。

まず、あなたが交わした様々な約束のすべてを自覚するところから始めて、次に愛情を込めてあなた自身をそれらの約束から解放し、それに関わっている他の人びとも一緒に解放します。これにはアストラル界の存在と交わした約束も含まれます。このような約束はあなたの成長を妨げているばかりでなく、彼らの成長をも妨げているのです。破棄したいと思う約束のすべてを一覧表にして書き出すところから始めてください。それぞれの項目に関して瞑想して、問題の本質と原因を感じ取るようにしてください。別な言い方をすれば、あなたのハイアーセルフに瞑想を誘導してもらうのです。その問題の根源についての理解に到達したと思えるまで、これをやります。それから、その問題に紫色の変容の光を注ぎ、自分自身を初めとして関係している人びとすべてを解放します。約束は、過去、現在、未来にわたって完全に破棄し、そのエネルギーのすべてを聖なる光のもとへと送り完璧なものにしてもらうのです。

これには相当な努力と時間が必要であるかもしれません。また、積極的に瞑想を行い、あなたのハイアーセルフ、高次元のガイドや先生とコミュニケーションをする必要があります。これをすることの恩恵は二つあります。一つは、純粋な宇宙エネルギーの注入が増大することです。それによって、あなたの肉体という乗り物がより完璧に調整されることになります。二つには、あなたの高次元のガイドや先生と活発な協力関係を築くことができます。その結果、あなたには大いなる変化がやって来て、奇跡が起こったかのように思えるかもしれません。それぞれの約束に関して、完了したと感じるまで必要なだけの時間を費やすという覚悟をしてください。人間関係が変わり進化していくであろうことへの心の準備もしておいてください。存在を制限するような約束を自分自身から、また他の人たちから解放すると、現在の人間関係の一部が終わりを迎えることになるかもしれないことを理解してください。あなたのあり方、考え方、人との交わり方にも変化が起こるのを許してあげてください。

成長のための第一歩は、何かを変えなければならないという自覚です。次のステップは、必要な変化を引き起こす勇気と意思です。愛する人たちよ、これがアセンションプロセスの基本です。あなた方を縛りつけている制限的で限定的な三次元のエネルギーを手放して、四次元の上部および五次元の無制限で何でも可能にしてくれる愛情に満ちた波動に切り替えること、それがアセンションです。

あなたの心の性質と感情の性質のプログラミングをやり直して、昔からあった様々な制限を解放するプロセスとの取り組みが終わったならば、あなたの偉大にして拡大された我れのヴィジョンを築き、建設する時です。そのヴィジョンとは、あなたの運命であるところの、栄光に輝く共同創造主になることであり、そのためにあなたは今、実習生として訓練を受けているのです。

私たちは少し前に、あなた方に一つの挑戦をしました。あなたの外の世界を自分で築き、物質世界の局面の完璧な世界で自分が欲するものを顕現する方法は何か、という挑戦でした。今度は、もはや役に立たないエネルギーを解放することによってこの世界でどのように機能していくかに関して、そのヴィジョンをつくり強化していく、という挑戦をしましょう。こうすることによって、この完璧な世界であなたは誰なのか、何になるのか、どのように感じるのか、何をするのかを、より完璧に規定することができるようになるはずです。他の人たちとすべてを分かち合うことができる世界を築かなければなりません。すべての人にとって最善で、すべての人に恩恵をもたらす世界でなければなりません。自己中心的な願望を含めることはできません。制限と自己中心主義と貪欲と怖れという目隠しを取れば、富、恵み、喜び、愛、やすらぎ、慰めは、人類すべてのために十分あるのです。

あなたのヴィジョンのために「内なるサークル」を築かなければなりません。注意深く、細心の注意を払って、最も細かい部分に至るまで、あなたにとってのヴィジョンが何であるかを視覚化し、言葉で表現してください。どのような人になるのか、どのように感じるか、他の人とどのように交わるのか、何になって何をするのか、これをすべて言葉で表現するのです。この物質世界の局面で残りの人生の中で何を達成したいのか、具体的な方法、長期的な計画など、できるだけ具体的に述べてください。この計画を達成するためにどのような人が必要かを決めて、明確にしてください。計画のために人の名前や顔は出さないでください。性質だけを述べて、あとは宇宙に任せて、あなたのヴィジョンと最も調和した波動を持った人びとを提供してもらえばよいでしょう。これは、あなたの魂の家族を引き寄せる舞台をつくるということです。あなたの完璧な仲間、あなたの広大な我れの断片を引き寄せるための舞台づくりです。あなた方はもはや一人で頑張る必要はなくなったということを約束しましたが、これがあの約束の実現です。しかし、完璧なエネルギーと完璧な魂が、あなたの意識と内なるサークルに入ってくるための道を切り拓いてくれるようにと、あなた方に依頼しなければなりません。

それからヴィジョンを外側のサークル、すなわち世間全般に延長して、あなたが影響を及ぼすことができるより大きなサークルをつくってください。それはどういうサークルですか。そのサークルにおけるあなたの役割は何ですか。そのサークルは、より大きな全体とどのように関わりますか。この質問の意味は、あなたのグループと内側のサークルは、地域共同体や、国、世界、太陽系にどのような貢献をするかということです。あなた方の地球が螺旋（らせん）状に五次元の世界に上昇していく時、そしてあなた方の太陽系と銀河系と宇宙が進化してグレート・セントラル・サンに向かって調和という階段を次のレベルへと上っていく時、すべてのものが変革と変容を遂げて高いオクターブに達するためには、全き（まった）調和の中にいなければなりません。

これらの約束を破棄するにあたって、ハーモニックス*（↓巻末用語）やトーニング（身体の奥から自然に声を出すこと）のような素晴らしい癒しの道具を利用するとよいでしょう。このような用語やプロセスを知らなければ、方法を説明してくれるカセットテープがたくさん売られています。基本的な原則は、詰まったエネルギーを、音を手段として解放するということです。大声を出して（金切り声ではありません）実験してみてください。大声で鋭く「パオ」と息を出しながら叫んで、それから様々なオクターブで「オーム」と唱えてください。大声で呻（うめ）いてみたり、鋭い声を腹から絞り出すように出してみてください。こうすると、詰まったエネルギーの解放に役立ちます。この情報に関しては数多くの優れたものがありますから、このプロセスについてあまり詳しい説明はしないことにします。しかし、これは極めて有用で、妥当な方法であることは保証します。今後、ニューエイジが台頭する中で、身体と心のバランスをとって癒していくために、カラーやアロマセラピーとともにますます活用されていくでしょう。

心を開き、意識を拡大して、この大いなる変革の時にあなた方に提供されている様々な道具を活用してください。これまでにも何度も言いましたが、兄弟姉妹と一緒になってシナジー*（↓巻末用語）をつくり出し、協力し合って癒しとバランスの仕事を達成してください。そうすれば、一人で苦闘する必要はなくなります。統一された目的のために献身し、似たような思いを持った人びとと愛情を込めて関わり合うこと、それが、今という時代にあなた方に提供されている最高の贈り物の一つです。苦痛と拒絶の中に孤立してとどまらないでください。あなたと同じ目的、同じ願望、同じ目標を持っている人たちがいます。彼らに呼びかけ、努力を続けてさえいれば、彼らは一人ひとり、まるで魔法のようにあなたの前に姿を現わすでしょう。あなたの愛の波動からなる意図がその呼びかけを宇宙に放射し、同じ波動を持った人たちはそれを感じ取って、あなたのもとに引きつけられてくるでしょう。

変化の風が強く吹いています。他の惑星の影響による波動の衝撃が、地球全体に衝撃波をつくり出しています。地球は今、感情の浄化をしている最中ですが、あなた方の国をはじめとして、世界中でこれまでになく頻繁に起こっている洪水がその証拠です。人類全体がこれらのエネルギーに不安を感じ、苦しんでいますが、スピリチュアルな意識においてバランスをとり、調和をはかり、毅然とすることが非常に大切です。

アセンションの波に高みへと持ち上げてもらい、運んでもらってください。アセンションの波とは、スピリチュアルな光の波であり、スピリチュアルな叡知である聖なる光があなたの中に注入されることであり、世界中に聖なる光が浸透して、平和と愛と統合が人類にもたらされることです。天界の私たちはここにあって、地球の再生と変革の時に、あなた方に奉仕し、力を与える準備ができています。私はアーキエンジェル・マイケルです。私はあなた方を守り、あなた方を導きます。私を呼んでください。必ずお答えします。

第29章　スピリチュアルな叡知と力を実現する

私は「ありてある我れ」に依頼します。叡知と識別の力と愛情に満ちた意図で私を満たしてくれますように、と。そして、私は満たされます。

1　私はスピリチュアルな成長および進歩についての期待をすべて手放します。私は毎日、瞬間の中に生きます。そして、身体と心と感情が私のハイアーセルフ*(→巻末用語)と調和のとれたものになるように心の焦点を定めます。

2　私の母、父、子どもたち、継子たち、夫、妻、兄弟、姉妹、友人、離婚した夫、離婚した妻、そして私を三次元の現実に縛りつけている人たちのすべてと私が交わした約束をすべて手放します。

3　私が、愛、喜び、やすらぎ、調和、安定、富、創造性、若々しい生命力、健康、幸福、老齢化と死に値するかどうかについての誤った概念をすべて手放します。

4　私は、この世界とそこに住んでいる人びとを救済する必要性を手放します。私の使命は自分がマスターであるという事実を受け入れることであり、誰に対しても何も期待することなく、すべての人に対して愛情に満ちた生きた模範となることです。

5　私の肉体という形に関して前もって条件づけられていたことのすべてと、細胞の記憶をすべて手放します。私は、美と、生命力と、健康と、安寧は神によって与えられた生得の権利である、と宣言します。これはすべて私の自然な状態であり、スピリットの促しに従うだけでこれらの完璧な状態を顕現できることを、私は知っています。

6　私の創造性と仕事についての期待をすべて手放します。私はただその喜びのために仕事をし、創造します。私の豊かさと能力はスピリットから来るものであって、私の努力によってもたらされるものではないことを、私は知っています。私にはその価値があると信じることによってもたらされることを、私は知っています。

7　三次元世界の政府や体制が私に対して持っている支配のすべてを解き放ちます。彼らは私を支配してはおらず、私の豊かさや安全も彼らに支配されてはいません。私には安全を顕現する力があり、完璧に自立する力があり、運命を完璧に支配する力があります。

8　私はカルマの借財をすべて解き放ち、私の肉体、精神体、感情体、アストラル体*（↓巻末用語）の中にある不適切なエネルギーをすべて解放します。私は今、優雅にやすやすと、すべての問題状況を解決し、自らを拡大して聖なる光となり、共同創造主として地上に天国を創造する仕事に参加します。

9　知識と叡知と必要な情報を、スピリットと高次元世界から引き出す能力に関する誤った概念をすべて手放します。私は学び、成長し、生きた模範として役に立つために、新しい知識、概念、叡知を引き出します。

10　私は、他の人びとについての裁きの思いのすべて、先入観のすべて、期待のすべてを手放します。なぜなら、彼らは自分にとって完璧な場所にいて、完璧な進化を遂げつつあることを知っているからです。私は愛を与え、励ましを与えます。依頼された時だけ必要な情報を提供します。そして、私の真実は彼らの真実ではないかもしれないという忠告を忘れないようにします。

そして、すべてはこの宣言のままに実現します！

第30章　光のマスターたち

愛するマスターたちよ、私はアーキエンジェル・マイケルです。私は最も高きところよりあなた方に挨拶を送ります。あなた方はもはや「光の子どもたち」と呼ばれるべき存在ではありません。なぜなら、あなた方の多くはその肩書きを卒業したからです。別な言い方をすれば、そのレベルの訓練は修了したからです。あなた方は一歩前に足を踏み出して、真実の自分のアイデンティティーを自分のものとして宣言するべき時です。すなわち、光のマスターというアイデンティティーを宣言するべき時です。あなた方は光の大軍団の戦士であり、地球と呼ばれるこの惑星とその住民を、分裂という暗闇と制限の世界から救い出すためにやって来たのです。愛する人たちよ、卒業の時です。絶望と孤独の思いを手放し、あなたの内部に漲(みなぎ)る力を感じる時です。その力はあなたの高次の存在によって供給されているものであり、あなたがそれを許せば、すべてのものとの一体感を感じる手助けをしてくれるでしょう。

愛する人たちよ、現実についての小さな画像を解放してください。あなた方自身を、そしてあなた方の世界を、マスターとしての高い展望台から見てください。より大きな展望を持って見るのです。あなた方は自分自身をより良く理解し、まだ残っているアンバランスな問題を解決しようとして、過去の人生や体験を調べ、探究してきました。しかし、今は、あなた方の偉大にして広範囲に及ぶ体験のそのような小さな部分を手放す時です。地上におけるあなた方の体験のすべては成長過程の一部であり、進化のプロセスで、それはすべて、この実験が最高潮を迎える今という時のためにあなたを準備させるべくデザインされたものです。

些細なことは手放して、いま展開しつつある広大なドラマに心の焦点を合わせてください。あなた方の人生におけるテーマを探してください。そうすれば、アセンションの最後のドラマにおけるあなたの役割が何であるかが分かるでしょう。あなたの運命がどこに横たわっているのかが分からない、使命が何であるかが分からないと言って嘆かないでください。あなたの運命はアセンションです。あなたの使命は、毎日が鏡のようにあなたに映し出してくれるものです。それと対決し、受け入れ、承認してください。そうすれば、あなたの心と意識の中であなたの使命は膨張し成長することでしょう。

あなたの使命は、聖なる光の狼煙（のろし）となり、生きたお手本となって、あらゆる状況に対してどのように反応しどのような行動をとるべきかを、他の人たちに示すという単純なことかもしれません。教師であるあなたは、自分が教師であることを知っています。なぜなら、あなたが生きた数多い人生のすべてにおいて何らかの形で教えることに携わってきたのですから。リーダーであるあなた、あるいは物事を組織することに長（た）けているあなたは、自然にそのような行動をとらざるを得ません。ヒーラーであるあなたは、その能力を否定することをやめて、キリストのエネルギーがあなたの体内を流れるままに任せてください。あなたは伝導体ないしは乗り物であるに過ぎず、それによって、他の人たちが自分の健康と完全性を受け取るのだということを理解して、そうすればよいのです。

地球を癒すヒーラーの人びと、およびデーヴァ（地霊）の王国と波長が合っている人びとは極めて重要な存在ですが、彼らが持っている魔法の力を世界に示しはじめなければなりません。その魔法の力とは、すべての存在が最高の恩恵を受けることができるように共存しながら、自然の数多くの要素を人類とバランスがとれ調和したものにするという力です。この仕事を始めるに当たって、四つのカテゴリーの一つから始めることができます。あなたが集中したいのは、肉体的な性質のものですか、精神的な性質のものですか、感情的な性質のものですか、それともスピリチュアルな性質のものでしょうか。そこから一歩進めて、統合に焦点を絞るか、バランスに焦点を絞るか、拡大に焦点を絞るか、それとも排除に焦点を絞るかという選択があります。

今のあなたには、これらの要素のすべてが同じ場所に導いてくれることが分かっているはずです。同じ場所とは、本来のあなたが誰であるかという自覚であり、本来のあなたとはアセンションのプロセスを歩んでいるマスターです。どんなことであれ、どんな人であれ、良いとか悪いとか、少ないとか多いとかと判断するのはやめるべき時です。あなた方の世界やそこで起こっている出来事を、精妙な観点、すなわち高次元の観点から見るべき時が来たのです。そういう観点から見ると、すべてのことが完璧であり、すべての人が聖なる光に向かって進んでいくためにいるべき場所にいて、まさに必要な状況や環境に置かれていることが分かります。

喜んでいただけると思いますが、地球上の多くの出来事に関して私たちは実際に手を下し、物事がより敏速に運ぶようにしています。これは、宇宙の尖兵であり、スターシードであるあなた方の同意と協力のもとに行われています。時間は加速されており（これは実際にあなた方および地球が体験している周波数の増大が原因です）、様々な出来事がより短い時間の枠の中に押し込められています。そういうわけで、より多くのネガティブな出来事がまわりで起こっているように見えるかもしれません。しかし、その結果として、ますます多くの人たちが変わらなければならない時だと感じています。以前とは状況が違うということを実感しはじめています。不安、不満、怖れ、絶望感が漂っています。こういう状況にあなた方が登場して答えを提供し、例を示し、新しい意識をもたらすのです。

このようなわけですから、あなた方の世界および人類が絶滅するのではないかと絶望することはありません。愛する人たちよ、それとは正反対に、あなた方は故郷に向かう帰途についているのです。あなた方はこの世の聖なる光を双肩に担っています。その偉大な光を空に向けて、地球のまわりに、地球全体に向けて、放射する時です。

今こそ、暗闇に聖なる光をもたらし、男と女の両極性のエネルギーのバランスをとる時です。すべての人、すべての物の中にある神の力の火花に焦点を合わせ、あなたが持っている愛と聖なる光の光線を、すべての人びとに向けて放つ時です。あらゆる状況に向けて放つ時です。マスターは、すべての人の中に、すべての物事の中に、完璧さと聖なる光を見るのです。

愛する人たちよ、マスターであるあなた方に送られているキリストのエネルギーを変えることはできません。キリストの光は最も高いところから送られてくる情報であり、キリストの愛は最も高度な形における顕現の道具です。それは「ありてあるすべての玉座」*(→巻末用語)から送られ、グレート・セントラル・サンと天界の序列組織を通ってあなたのところへと伝わってきているのです。それを受けたあなたは、この純粋なエネルギーの変換機および送信機としての役割を果たします。あなたがどこかに、何かに意図を向けると、その場所および物は最大限の影響を受けることになります。この純粋なエネルギーをどれだけ受け取ることができるかですが、それぞれのレベルと能力に応じて、それぞれが「光で満たされ」、変容を遂げます。

一方において、電磁波のエネルギー、あるいは世界を創造するのに用いられる顕現の「素(もと)」は、使用者の波動や自由意志に応じて形を変えることもできれば、変化することもできるものです。違いが分かるでしょうか。ですから、ネガティブな力にキリストの光を送る時、ネガティブな力のエネルギーを増大させるかもしれないと心配する必要はありません。愛する人たちよ、あなた方は偉大な貢献をしているのです。なぜなら、そのエネルギーを自由に愛しているのですから。暗闇の束縛から解放してあげているのですから。十分な数の人びとが、キリストの光を世界や太陽系の暗い地域に向けはじめると、ルシファーや彼の天使たちでさえも心を改めて聖なる光を受け入れなければならなくなるでしょう。彼らも抵抗できなくなります。神は被造物の一部だけではなく、すべての被造物が聖なる光のもとに戻ることを意図されているのです。「父にして母なる神」は被造物のすべてを変容して自らの心の中に迎え入れることができるという考えを受け入れることは、それほど難しいことでしょうか。今の私たちがどういう場所にいようとも、神の心こそ、皆の故郷なのです。

愛する人たちよ、怖れを手放してください。この計画が完璧であることを感じ取ってください。大いなる別離、宇宙の果てにまで至る旅、絶望感と無力感が希望の思いに変わり、新しいヴィジョンが芽生え、あなた方の銀河と宇宙との調和に抵抗しがたく引き寄せられ、究極的に「ありてあるもののすべて」と一体になるのです。

愛する人たちよ、私たちは皆、同じ道を歩んでいます。私たちのところに来てください。私たちと手を携えて一緒にこの旅に出ましょう。私はアーキエンジェル・マイケルです。この真実をあなた方にもたらす者です。

第31章 天使が見える近未来

愛する光のマスターたちよ、私の存在を感じ取ってください。私はどこか離れた場所にいるのではなく、あなた方から一次元離れたところにいて、あなた方と交わり、あなた方がそうすることを許してくれれば、あなた方を愛と保護で包み込んでいるのです。そういうわけですから、少しの時間、目を閉じて、私がいま送っている、創造主の暖かく慰めに満ちた愛のエネルギーの流れを感じてみてください。ぞくぞくするような感じ、拡大するような感覚、あるいは穏やかな幸福感を感じるかもしれません。いずれにしても、価値判断をせずに、ただそのままに任せてください。あなたの本来の感覚である超感覚で感じることを開始してください。エゴの情緒的な感覚に支配されることのないようにして欲しいのです。地上に天国を築くことは可能であり、天使やマスターたちと一緒に歩くことは可能であるという概念を受け入れはじめて欲しいのです。あなた方は以前、そうしたことがあり、再びそうする時代が急速に近づいています。

高い周波数の生き生きとした癒しのトーンに耳を傾ける時です。三次元の耳では聞こえないトーンですが、時として耳の中で高い周波数の音が鳴る時にはそれが聞こえているのです。しかし、四つの*（↓巻末用語）低次元の身体のバランスがとれてくるにつれて、高周波数の音と色により敏感になってくるでしょう。

あなた方、およびあなた方の地球が、精妙な四次元と五次元の世界をますます体験するようになり、異なった局面やレベルを上昇していくにつれて、いわゆる「異常な現象」を体験することになるでしょう。しかし、実際にはあなた方がずいぶんと長いあいだ体験してきた幻想よりも、それはずっと正常なものです。私たちがあなた方と簡単に交流できるようになった理由はここにあります。このために、世界中で天使がこれまでになく姿を現わすようになり、人類の意識の中に天使の存在がもたらされてくるのです。

この計画の完璧さがあなたにも見えるでしょうか。最初、一九八〇年代の半ばに、天使の世界への関心のリバイバルがありました。あなた方の多くが高次元の世界についてもっと知りたいという強い願望に刺激されて、勉強を開始し、リサーチを始めました。瞑想をする時に私たちを招待して天使は瞑想の一部になり、日常生活の中でも積極的な役割を果たす機会を与えられた私たちは、私たちの存在を知ってもらう許可を与えられたのでした。そして今、あなた方はその結果を目撃しているのです。天使は至るところにいます。天使の写真、天使の像、天使の絵葉書、天使の本、天使の映画、天使に助けられた話は、大変な数です。天使を見た、天使の訪問を受けたという体験も、ほとんどありきたりの体験になりつつあります。あなた方の知覚が生み出した変化を今、あなた方は目のあたりにしているのです。

第一に、あなた方の地球は四次元の周波数の中へと移行し、それによって、私たちは再びあなた方と交流することができるようになりました。あなた方が三次元の霧の中にいた時には、これは困難でした。さらに、あなた方は自由意志によって私たちに許可を与えてくれたのです。それによって、私たちの交流、喜びに満ちた参加が可能となったのです。

幻想のヴェールはますます薄くなりつつあります。あなた方の多くにとっては消えつつあるほどです。苦しむ必要はないということ、創造主はあなた方が苦しみの中で生活したり苦痛を体験することなど意図されてはいないということを、あなた方は理解しはじめています。創造がどれほどに広大なものであるか、そしてまた、あなた方が本当はどれほどに偉大で強力な存在であるかを理解しはじめています。物質の世界がどのようなものであるかについて、新しい概念を獲得しつつあります。何を体験するかについては選択できること、苦痛や苦闘は未知のものに対する怖れによってもたらされるということを理解しはじめています。あなた方がこの物質世界に存在しているのは単に「物」、つまり物質的な富や所有物を獲得するためだけではないということ、物は十分あるがゆえに、自分の物を手に入れるために必死に努力する必要はないという自覚を持ちはじめています。

あなた方はスピリットを物質の世界に固定するためにやって来ました。感情体と精神体をスピリットの支配下に置き、物質界で共同創造することの確かな手ごたえと喜びを体験し、そうすることによって、創造主が物質の世界を体験できるようにする、そのためにやって来たのです。しかし、時代を経る中で、物質界の重い波動の中に深く沈み込んでいったあなた方は、物質の世界が本当の世界であり、肉体の自分が本当の自分であると信じはじめたのです。愛する人たちよ、これほど真実からかけ離れたことはありません。あなた方は、肉体という構造物の中に入っているスピリットなのです。神聖なる創造主の火花なのです。いま何が起きているかといえば、あなた方がこの自覚を取り戻しはじめ、この真実と再び一体になりはじめているということです。

これからの数カ月間、様々な身体の調整、肉体的な不快感を体験することでしょう。これは、本来のあなたと再び波長を合わせてくれるものであり、あなたの崇高でスピリチュアルな存在、キリスト意識のあなたが再び肉体の中に現われるようにするための準備をしているのだということを、どうぞ自覚してください。悲しみによって感情のバランスが崩れたならば、悲しみの感情の波が自由に体内を流れていくようにしてあげてください。そうすることによって、もうあなたの役には立たない古い記憶や、詰まったエネルギー、ネガティブで有害な信念を手放すことができます。あなたのパートナーや友達に優しくしてあげてください。彼らが傷つきやすい状態にある時にはサポートしてあげてください。あなたもストレスの真只中にある時には彼らのサポートが必要であり、彼らに無条件に受け入れてもらうことが必要なのですから。大切な人たちよ、私たちは皆、同じ船に乗っているようなものです。すべての創造物が一緒に新しいレベルの意識へと移動しているのです。

あなた方は、高次元の世界に住む私たちの進化のために、あなた方に、あるいは地球に何ができるか疑問に思うかもしれません。あなた方がどれほどに重要な存在であるかということに関して、決して間違った思いを抱かないでください。完璧な創造主のところへ戻る宇宙の行進に、人類と地球が参加することが不可欠であることを忘れないでください。地球における実験は壮大なものでした。たくさんのことが学ばれ、たくさんのことが宇宙の意識に付加されました。あなた方は勇敢にして大胆な存在です。あなた方が払った努力は記録にとどめられています。あなた方はこの五十年の間に、想像もできなかったほど多くのことを成し遂げました。あなた方が進化の道を進んでいく時、創造物の感情的な性質と精神的な性質に新しい次元の自覚と優雅さが付加されます。物質界における愛の表現についての新しい理解が付加されるのです。

そのようなわけで、私たちの存在を感じはじめて欲しいのです。私たちがあなたの目の前に姿を現わすことができるという素晴らしい可能性に、心を開いてみてください。私たちはどこか遠くに存在しているのではなく、高次元の世界の体験を探究しはじめているあなた方のすぐそばにいるという可能性に、心を開いてください。宇宙とのテレパシーによる交流のための道を、ますます多くの人たちが切り拓きはじめることを、私たちは期待しています。あなた方と日常的にコミュニケーションをはかることができるというのは、私たちにとってもなんと素晴らしい体験になることでしょう。あなた方は、様々な情報源に自由自在にアクセスできるようになるのです！　あなた方が意識を向上させていくにつれて、創造に関する偉大な叡知と真実にますますアクセスできるようになります。今という時に、実に膨大な量の新しい情報がもたらされている理由はここにあります。しかし、あなた方の一人ひとりが、自分の内面に入っていき、これらの情報に直接アクセスできたならば、その方がさらによいのではないでしょうか。直接コミュニケーションをとることで得られる感覚の体験と、交流の体験によって、あなた方が昔から抱えていた様々なバリアや信念体系はあっという間に通り過ぎて、新しい可能性の世界に入って行くことができるでしょう。

これからの数カ月間は、もはやあなた方のためには役に立たず、あなた方を三次元の世界に閉じ込めているだけの、古いエネルギーや信念や束縛を浄化し、解放するための時間になるでしょう。あなた方を幽閉してきた思考体系の枠組みから一歩踏み出して、勇気を出して手を差しのべ、あなた方に向けて差し出されている神性と至高性を抱擁してください。愛する人たちよ、これをすることで後悔することはありません。いや、それどころか、なぜこれまでそうすることをためらっていたのか、どうして旧世界の苦痛と制限の中でこんなにも長いあいだ存在してきたのか、不思議に思うことでしょう。幻想は薄れつつあります。新しい展望、新しい明日の世界があなたの意識に現われることを許してあげてください。そうすることによって新しい明日をできるだけ早く実現し、顕現することができるでしょう。

我が勇気ある戦士たちよ、今こそその時です。私たちは、励ましと、ガイダンスと、向かうべき方向を与えるべく、あなた方のそばにいます。何よりも、私たち、そして創造物のすべてがあなた方に対して抱いている偉大なる愛をあなた方の意識の中にもたらすために、ここにいます。私はアーキエンジェル・マイケルです。この真実をあなた方にもたらす者です。

第32章　あなたは自分が創造した分身のハイアーセルフである

愛する光のマスターたちよ、最も高きところよりあなた方に挨拶を送ります。スピリットと物質についてのレッスンを続けましょう。今回は、思考形態が持つ力と、あなた方が顕現の力によって長い間にわたって創造してきたエネルギーの表現について話すことにしましょう。

あなた方は非常に広大なオーバーソウル＊(↓巻末用語)の分身です。そしてまた、そのオーバーソウルも、さらに大きな存在の個別化された部分なのです。このようなそれぞれの存在は、顕現し、体験し、それによって叡知を獲得し、やがては「ありてあるもののすべて」の栄光の中へと戻って統合される運命にあります。ところで、あなたもまた、創造のエネルギーを用いて独自の実験を行う中で、あなた自身の分身を創造してきました。

三次元の重い波動の真只中にいる間に、試行錯誤を繰り返しながら、あなたは自分のソウルセルフ＊(↓巻末用語)を断片化して、あなたが存在と呼びたいと思っているかもしれないあなた自身の延長存在をつくったのです。彼らはエネルギーの糸によってあなたとつながっていて、あなたに与えられたエネルギーの周波数に応じて高い次元や低い次元に住んでいます。「並行的な自我」とか「平行次元における生命体」というようなことが言われますが、その意味は部分的にはこれらの存在のことです。

さて、より精妙なエネルギーのレベルに帰っていくために、すべてのものが一体になり、再びつながりつつあるという話をあなたは聞いたことがあるはずです。それゆえに、あなた自身の様々な分身が、調和のとれたものであろうとなかろうと、あなたの体験の中に集められ、時には大いなる喜びや新しい意識を創造することもありますが、だいたいの場合は、不快感とアンバランスな状態をつくり出しています。あなた方の多くが次のように嘆くのを、私たちは聞いています。

「ライトワーカーであることは、どうしてこんなに大変なのだろう。こんなに一生懸命に努力しているのに。どうして、こんなにたくさんの挑戦やら障害物に直面しなければならないのだろう」

説明しましょう。第一に、あなた方が知っているところの時間は、非常に加速されているために、通常であればいくつもの生涯を費やして行われることが数日間、あるいは数カ月間に起こっているということがあります。あなた方は今、自分自身の無数の分身と再び一体になっているところです。分身の中には欠乏と貧困の思い、自分には価値がない、自分は愛されていないという思いに取りつかれているために、価値のある関係や愛情に満ちた関係を自分自身に引きつけることができないでいるか、自らの創造的な能力を否定し、自分には何の力もないと思っているために他人の言いなりになっている自分もいるかもしれません。あるいは、暴力を信じ、闇の勢力と戦うことに生き甲斐を感じている分身もいるかもしれません。あるいは、病気であると信じ、老齢化のプロセスと究極的な死の不可避性を信じている分身もいるでしょう。いま一体になりつつある分身が何であれ、ソウルセルフの側面のすべてと直面することを、あなたはいま強要されているのです。

　これは避けることのできないものであり、マスターになるための道であり、アセンションに向かう旅です。しかし、より簡単に、かつ優雅に様々な分身を統合できるように手を貸すことは、私たちにもできます。より高い見地から、すなわちマスターの見地からこれらの問題と対決するための手段と叡知を、提供することはできます。あなた方はこれらの完璧ではない分身を「愛する」ことによって、彼らからの解放を勝ち取ることができるのです。ハーモニーと再統合のためにあなたのエネルギーの磁場にこれらの分身が連れて来られる前に、彼らのバランスをとることができます。

　この移行のプロセスをより簡単に乗り切ることができるように、次のようなプレゼントをしましょう。

　瞑想の状態に入ってください。あなたの周囲のエネルギーを増大し、クラウンチャクラ*（↓巻末用語）に注がれるエネルギーを高めるために、クリスタルを使ってみるのもいいでしょう。あなたのガイド、先生、マスターの方々、あなたの「ありてある我れ」を呼び出し、紫色の変容の炎であなたを包み込んでください。これらの存在を呼び出すための祈りの言葉が終わったならば、あなたの分身がいるパラレルな周波数の世界に意識を投影してください。あなたが創造した様々な存在を見てください。彼らが何であるか、誰であるか、あなたは知っているはずです。あなたの人生の中でバランスがとれていない領域のすべて、軋轢(あつれき)や苦痛の原因となってあなたのバランスを失わせている領域のすべて、あなたのハイアーセルフとの関係がスムーズでない領域のすべては、あなたが長いあいだ生命を与えてきたエネルギーによってつくられたものです。

これらのエネルギーの中には極めて強力なものもあります。あなたに何らかの強い中毒があって、この中毒を断ち切ることが不可能であるように思われるとすれば、その理由は、あなたがその存在に非常に多くのエネルギーを与えてきたためです。そのような場合には、この存在と戦ったり争うことは賢明ではありません。そうすれば、その存在にさらにエネルギーを提供することになり、さらに強化してしまう結果になります。あなたが恐れるもの、あなたが戦おうとするものを力づけ、自分自身に引きつけることになるという話は、何度も聞いたことがあるはずです。これらのエネルギーをリアルなものにしてみるとよいでしょう。彼らを実際に見つめ、確認し、承認してあげるのです。あなたは彼らなどまるで存在しないかのように、長い間、無視しようとしてきました。しかし、これではうまくいきません。なぜなら、いずれは、彼らがあなたの人生に創出するものを、強い感情のエネルギーを使って断ち切りたいと願望する結果、その存在を実証することになるからです。

これらのエネルギー、ないしは存在を確認したあとで、キリストエネルギーの力が、まるで偉大な黄金の太陽のように、あなたのハートセンターの中で輝きはじめるのを感じてください。このエネルギーがだんだん大きくなって、あなたの身体全体に浸透し、あなたのオーラにまで浸透していくのを感じてください。それから、このエネルギーを分身の一人ひとりに投影します。すると、彼らは黄金の光で満たされ、最後には変容を遂げます。彼らにとくに強いエネルギーが与えられている場合には、一人ひとりの分身について数回これを行う必要があるかもしれません。しかし、彼らのエネルギーのバランスがとれ、中性化されたと感じた時、一条の聖なる光の流れとなってあなたに引き寄せられてくるのを見てください。バランスがとれていれば、あなたのハートセンターに引き寄せ、統合することができます。その時、あなたは大いなるやすらぎと解放感を体験するでしょう。

統合される準備がまだできていない場合、あるいは誤ったエネルギーがまだ残っている場合、その存在はある時点で止まり、あなたの聖なる光の磁場に入ろうとはしないでしょう。なぜなら、純粋な光になるまでは、あなたが周囲に配置した保護のバリアを突き抜けることはできないからです。あなたの分身に関してなすべきことがまだある場合には、このようにしてそれが分かります。

勇気ある人たちよ、こうすれば、この変化多き時を苦しむことも心悩ますこともなく通過することができるでしょう。

バランスがとれた状態になって高い周波数で振動するようになるまでは、あなたのハイアーセルフ、ないしはキリスト意識のあなたと統合することはできませんが、あなた自身の断片化した分身を再吸収するこの新しい力を活用することは可能です。この贈り物を活用しはじめてください。時間を無駄にしている暇はありません。あなたの分身を簡単に優雅に統合するか、それとも苦難と試練を経た上で統合するかのどちらかです。いずれにしても、彼らを統合しなければなりません。こういう進化のプロセスの真只中に、あなたはいます。アセンションのプロセスは、最初にエネルギーを統合し、バランスをとり、調和を図ることに集中します。それから、周波数の加速が始まります。あなた方は簡単に優雅にこのプロセスを乗り切ることを要望しました。それに応えて、私たちはより優雅にスムーズに変化を乗り切るための道具を提供しているのです。

あなたの感受性がさらに研ぎ澄まされ、次元間のヴェールが薄くなるにつれて、様々な現実を出たり入ったりしている自分に気がつくでしょう。その結果、気分が高揚したかと思うと落ち込んだり、ムードが激しく変わったり、心を乱すような衝動を体験するでしょう。あなた方の多くは、これを闇の勢力のせいにしてきました。愛する人たちよ、私の言葉を信じてください。闇の勢力が力を振るっているのではありません。あなたの様々な分身が注目して欲しいがために叫んでいるのです。なぜなら、彼らもまたあなたと同じように統合したいという衝動と願望を感じているからです。そういうわけですから、彼らの存在を承認してあげてください。認めてあげてください。そのようにしても、彼らが強化されることはありません。それによって、愛情に満ちた交流と統合の道が開かれるでしょう。認めて欲しいがために、さらなるストレスと苦しみの道が開かれることはありません。

あなたが愛と叡知と統合するための力を求めてハイアーセルフに向かって努力しているのと同じように、彼らもまたあなたの方に行こうとして努力しています。**あなたは彼らのハイアーセルフなのです。**

こうして、プロセスは続きます。進化の階梯（かいてい）を昇り、意識の螺旋（らせん）階段を上昇し、神の心のあまたある分身をすべて容赦なく引きつけ、神の心へとゆっくりと戻っていくのです。愛する人たちよ、神がゆっくりと息を吸い込みはじめられたのです。足で蹴飛ばし、悲鳴をあげ、最後まで抵抗しながらこの旅をすることもできれば、アセンションの波を捕まえて波頭に乗っていくこともできます。後者の場合には、波の高さと未知の要素に少し怯（おび）えながらも、愉快で楽しい旅になるでしょう。なぜなら、あなたは「父にして母なる創造主」の腕に抱かれていることを知っているのですから。いかなる者といえども、あなたを傷つけることはできません。

愛する人たちよ、自分自身と和解してください。それから、私たちと一緒に、人類の歴史を通じてもまたとない波乗りに出かけましょう。後悔することは絶対にありません。私、アーキエンジェル・マイケルが約束します。これは真実です。

第33章　光の道

愛するマスターたちよ、最も高きところよりあなた方に挨拶を送ります。光の兄弟姉妹たちよ、重要なメッセージをお伝えしましょう。最新情報といってもよいかもしれません。これまで何度も言ってきましたが、様々な出来事や変化がかつてないスピードで起こっているために、銀河系のあなた方の場所で次に何が起こるかを予測するのは非常に難しいことです。しかし、大きな目標に到達した時、あるいはスピリチュアルな意味であなた方が一つのイニシエーション（通過儀礼）ないしは高度なレベルの意識を通過する時、物質世界の現実において次に何が起こるかを予測することが可能になります。

一九九四年という年は、物質的な世界の構造という点においても、スピリチュアルな意識の拡大という点においても、非常に重要な変化の年でした。国々の境界線が変わっています。民族グループが、自らの選択によって、あるいは強制されて、それぞれの場所を交換しています。多くの愛すべき魂がこの世を去る選択をしています。私たちの言葉を信じて欲しいのですが、彼らはより調和のとれた、住みやすい場所へと移行しています。彼らの選択を祝福してあげてください。なぜなら、彼らのスピリットセルフ*（↓巻末用語）は彼らにとって何が最善であるかを知っているのですから。人類はますます気持ちが落ち着かない状態になっています。なぜなら、何もかも変わってしまったからです。以前は信頼できたものも、今では不安定になってしまったか、手に入れることができないかのどちらかです。天候のパターンはあまりにも不規則で、多くの地域では旱魃のために作物は干上がり、水源も極端に少なくなっています。一方、他の地域では、大雨のために大洪水となり、資源が失われて筆舌に尽くしがたい悲惨な状況が生まれています。

ありとあらゆる種類のパターンや境界線が変化したり移動したりしていますが、そのほとんどは人間の意識のパターンの変化が原因です。高周波数があなた方の世界にしっかりと固定されるにつれて、さらにあなた方の意識と地球の意識の両方に固定されるにつれて、プレッシャーが非常に高まっています。これらの周波数は非常に精妙で微妙なものですが、非常に強力なものでもあります。暗闇が聖なる光に道を譲らなければならないのと同じように、低い波動のエネルギーもまた精妙な高周波数に道を譲らなければなりません。あなた方の宇宙の最も深遠な源、すなわち「創造主・神・女神」からやって来る愛と光のエネルギーは、その荘厳さにおいて畏敬の念を抱かざるを得ないものですが、それが今、あなた方の地球に固定されつつあり、あなた方にも利用できるようになったのです。言うなれば、素晴らしいエネルギーの高速道路が創造主の場所からあなたのいる場所まで開通したのです。これは、あなたに準備ができていて、この奇跡に対して自らをオープンにする気持ちがあれば、という条件つきです。

しかし気をつけなければなりません。このエネルギーは非常にダイナミックで深遠なものであるために、それを活用するためには、エゴや個性の束縛から解放され、ソウルセンターにしっかりと固定され、バランスと調和がとれた状態になっていなければなりません。

このエネルギーには一つの警告も付随しています。「あなたの最も高貴なる使命に身を殉ずる覚悟ができていて、かつ、あなた方の太陽系の暗闇を光に変える仕事において共同創造のマスターとして奉仕する覚悟ができているならば、その時はじめて、この贈り物を受け取ってください。同時に、あなたの銀河の家族とともに加速度的な進化のプロセスに参加するという覚悟もできていなければなりません。ヴィジョンを拡大して、あなた方の地球や太陽系だけでなく、銀河系もヴィジョンの中に入れなければなりません。あなた方は今、孤立状態を脱却しつつあります。トンネルのような狭い視野から脱却しつつあるのです。この宇宙にいるのはあなた方だけではないということを、しっかりと理解しなければなりません。あなたに影響を及ぼすものは人類全体に影響を及ぼします。あなた方の地球に影響を及ぼすものは宇宙全体に影響を及ぼすのです」

まもなくやって来るさらに大きな変化への準備として、清掃と浄化をすることが必要になります。多数のエネルギー体の中にあるネガティブなエネルギーパターンを一生懸命に掃除している人たちや、意識や周囲の環境にバランスと調和を取り入れようと努力している人たちは、これらの重大な変化が起こりはじめても、極めて簡単に乗り切ることができるでしょう。新しい未来において起こることへの準備が十分にできているからです。自分自身のために強固でしっかりとした枠組みがつくられているために、人のために役立つことができるだけでなく、新しい贈り物という形でやって来る素晴らしい収穫を刈り取ることができるでしょう。その新しい贈り物とは、これまで聞いたこともないような意識や能力、夢や願望をほとんど瞬時に顕現する能力です。

想像を絶するような膨大な量の新しい情報が、ほとんど同化できないような猛烈なスピードで来ています。これらの情報の中には、これまで聞いていた情報とは相反するものもあり、そのため、あなた方の多くは非常に混乱しています。愛する人たちよ、過去二千年の間に与えられてきた情報が真実ではなかったということではありません。これまでもたらされてきた情報は、人類が理解し吸収できるように非常に基本的なレベルに抑えられていたのです。私たちの愛するイエスの教えがどのように曲解され、乱用されてきたか、あなた方も知っているはずです。ニューエイジの真実といわれたものの多くでさえ、その情報をもたらした人びとによって歪められてきました。そうした情報は多くの場合、最も高い場所から来たものではありませんでしたが、最善の意図をもって伝えられました。

このようなわけで、あなた方の意識が増大し、心とスピリットの純粋さが拡大するにつれて、膨大かつ複雑な情報を吸収するあなた方の能力も増大します。今という時代は、ニューエイジの始まりであるだけでなく、人間の衣をまとったスピリチュアルな存在であるあなた方が成人式を迎える時代でもあるのです。

あなた方が高次元への道を切り拓き、長年のあいだ私たちのコミュニケーションを不可能にしてきた雑音を取り払うにつれて、より明確なメッセージ、これまでにない深遠な情報を受け取るようになるでしょう。あなた方にとってまったく新しい情報がどんどんやって来て、あなた方に不可欠な部分であるこの宇宙についての非常に重要な統計的な数字の情報も入ってくるでしょう。また、未来の壮大な計画におけるあなた自身の役割についても、多くのことを学ぶでしょう。大切な人たちよ、あなた方は聖なる光の道を歩みはじめているのです。不透明なあり方と暗闇から脱却しつつあるあなた方は、いま地上で起きているドラマを高い山の頂上から観察する人になりつつあります。あなた方は今、高次元の精妙な世界を体験しはじめています。これはあなたの人生で最も心ときめく体験ではないでしょうか。

長年のあいだ努力し、瞑想し、学び、愛し、聖なる光の道に献身してきたあなた方は、このプロセスがいかに広大で包括的なものであるか、ついに実感しはじめているところです。そして、まだ眠っている兄弟姉妹について不思議に思っています。「一体、どうして彼らには分からないのだろう？　この感嘆の思い、喜び、愛をどうして感じることができないのだろう？」。愛する人たちよ、彼らにも分かる時が来ます。必ずその時が来ます。それがあなたの目の前にある仕事です。あなたが体験している興奮と喜びを広めること、あなたが毎日顕現している奇跡を屋根の上から大声で叫んで知らせること、あなたの洞察、同情の思い、叡知、知識を分かち合うこと、それがあなたの仕事です。今、地球に生まれつつあるシナジー*（→巻末用語）を見ていると、実に驚くべきものがあります。一つのグループが世界のどこかでイベントを始めると、突然、他のグループが世界中で同じことを開始して、エネルギーの波が生まれて奔流となって動き出し、世界中の人びとを結びつけ、活力を与え、変容して別な意識のレベルへと上昇させるのです。

ゲイトウエイ（門）、あるいはスターゲイト（星の門）が、加速度的に解放ないしは拡大されています。そのおかげで、私たちは、ますます完璧にかつ力強く、人類と交流することができるようになっています。親愛にして忠実な我が戦士たちよ、時間が極めて重要な要素です。目覚めた魂の数が多ければ多いほど、予言されている大変化が起こった時の移行が容易になります。

我が愛する友よ、このようなわけで、あなた方は壮大にして奇跡的な出来事の真只中にいます。あなた方は、心臓と喉の中間に位置する新しいエネルギーセンターに、魂を統合し融合するプロセスを完了しようと一生懸命に努力しています。それによって、エーテル界*（↓巻末用語）におけるライトボディー*（↓巻末用語）をつくりはじめるプロセスが開始されます。この努力をしている間に、身体にしっかりと錨（いかり）を下ろしていることが極めて重要です。あなた方の多くはすでにこの統合のプロセスを完了し、次のレベルのイニシエーションに突入しています。偉大な存在であるあなたの、より広大な分身と融合するという方向に向かっているのです。

愛する人たちよ、瞑想や祈りを兄弟たちと一緒に続けてください。お互いをサポートし、教え合い、共に学びつづけてください。そうすることが今ほど大切だったことはありません。あなた方がトゥエルヴ＝トゥエルヴ*（↓巻末用語）と呼んでいるイベントは、再び意識の飛躍をもたらし、これまでにない数のライトワーカーが集まることでしょう。あなたもこのイベントに参加できれば素晴らしいことですが、これに参加するために地球の聖なる場所へと旅する必要はありません。あなた方は自分自身の聖なる光の場所を建設しているのです。兄弟姉妹と一緒に集まってください。そうすれば、私たちは新しいレベルの真実と意識をあなた方に注入することができるでしょう。賞讃と献身と感謝の言葉を高らかに唱えてください。そうすれば、私およびスピリチュアルな世界のすべての存在が、愛する銀河系の友人たちと一緒にあなた方のところにやって来ることを約束します。私たちはまもなく再会するでしょう。そして、共に力を合わせて、この銀河系に、やがてはこの宇宙に、壮大なる創造主の聖なる光を注ぎ込むことになるでしょう。私はアーキエンジェル・マイケルです。この真実をあなた方にもたらす者です。

第34章　私についての謎

途中、私は立ち止まり
私についての謎が
解けるかもしれないと目を凝らす
私の奥深くにいる「私という存在」
隠れようとする本当の私
だけど、私が覗き込むと
時として、偶然にカーテンが開いて
何の防御もしていない私が
ほんの瞬間顔を出す
私は誰、私はどうして、私はなぜ
それは神以外の誰にとっても
ひとつの謎

ロナ・ハーマン

第35章 トゥエルヴ＝トゥエルヴについて

愛する光のマスターたちよ、最も高きところより挨拶を送ります。はるか昔に人類が地上で体験した偉大なる黄金時代について、あなた方には記憶もあり、その話を耳にもし、何世紀も超えて様々な神話が伝えられてきました。再び黄金時代がやって来るという予言をあなた方は耳にし、夢に見てきました。そして、一千年の平和と奇跡が続く黄金時代がやって来るというその予言が真実であればと願ってきました。我が愛する者たちよ、この話は真実です。しかも、その時は急速に近づいています。

あなた方の銀河系においては「十二」という数が非常に重要です。聖書の中では十二という数が百五十回以上にわたって言及されています。十二使徒、ブッダの十二人の弟子、十二の部族などなど。黄道帯*（↓巻末用語）には十二宮があり、その他にも、一日の昼と夜を分ける十二時間、一年という時間の経過を記すための十二カ月などがあります。

あなた方の地球が三次元的体験の重い制約の中へと沈み込んだ時、あなた方は十二のチャクラシステム、すなわち十二の光線の生命力の源ともいうべき素晴らしいエネルギーから切り離され、DNAの十二の束からも切断されました。あなた方の惑星は隔離状態となり、地球のまわりにバリアが築かれました。というのは、地球からアストラル界*(↓巻末用語)に吐き出されていたネガティブで調和を欠いたエネルギーの波動が、あなた方の太陽系および銀河系に悪い影響を及ぼすことを許さないためにです。

愛する人たちよ、それはすでに過去の話です。神を信じて歩みつづけたあなた方のような素晴らしい存在たちの努力のおかげです。あなた方は、数多くの試練に耐え、勇気を持って大胆にも聖なる光にアクセスしてそれを固定し、再び創造主と一体になりたいという願望を抱きはじめ、変圧器になったのです。避雷針といってもよいかもしれません。エネルギーの変換機となったのです。あなた方は高次元の世界からエネルギーを持ってきて固定し、力を合わせてそのエネルギーを地球全体に広めてくれました。

前にも言いましたが、二十世紀の半ばまでは、地球と人類が大変動と大規模な破壊を体験しなければならないかどうか、分かりませんでした。しかし、それはもはやあなた方の未来ではありません。

十二という数は、物質の世界からスピリチュアルな世界への移行を象徴し、あなた方は地球とともに、スピリチュアルな遺産を再び我が物であると宣言しているのです。あなた方は何千年もの間、七という数の縮小されたハーモニックス*(↓巻末用語)に共鳴してきました。七つのチャクラ、七つの光線、七つの次元および下部局面などがその例です。エネルギーの細い銀色のコードを通してしか魂にアクセスすることはできず、あなた方の銀河系の五つの高次元の光線*(↓巻末用語)が与えてくれる、ダイナミックで生命力の源となるエネルギーを直接体験することはできなかったのです。そしてまた、すべてのものの根源から直接やって来る黄金色のエネルギーの注入も体験することはできませんでした。

あなた方がこれらの高次元の光線と強力な転換の周波数にアクセスするための道筋をつけ、より精妙なエネルギーを持ってきて体の中に取り入れていくと、細胞構造は浄化されて変貌を遂げ、分泌組織は活性化され、ＤＮＡと脳細胞の中に閉じ込められていた知識が点火されることになります。これによってライトボディーの統合と建設が助長され、それがひいては、あなた方を、マスターとしてのあり方とアセンションの現実へと近づけることになるでしょう。

愛する人たちよ、あなた方は単独でこれを行っていると思っていますが、そうではありません。数多くの崇高で驚くべき存在たちがあなた方の力となっています。彼らはあなたの役に立ち、あなたの成功を確実なものとするために今ここにいるのです。地球と呼ばれるこの宝石のような惑星は、とても大切で特別な惑星です。それは数多くの星の体系や古代の文明から、実に豊かな多様性と豊饒性と表現性を取り入れてデザインされた惑星なのです。

あなた方は数多くの文明からやって来たスターシードであり、この大胆な冒険に加わるために特別なコーディングを持った存在として、あなた方の種族の代表として派遣されて来ました。共同創造主としてやって来たあなた方は、自らの手で創造したものを直（じか）に体験できるように、やがて肉体を持つ存在となったのです。あなた方は、様々な感情や精神体を体験し、欲望を持った体が仕掛けてくる攻撃を次々に体験するようにデザインされました。

肉体の中でスピリットのバランスをはかり、「神・女神・創造主」の延長存在として地上に天国を共同創造するのが、あなた方に与えられた運命でした。しかし、あなた方に与えられた贈り物の中でも最高の贈り物は、自由意志を与えられたということです。

ご存知の通り、あなた方は長い年月にわたって、欲望のために創造主の意思から離れた方向へと導かれ、その結果、罪の意識と怖れと限界を感じるようになりました。それからまもなく、幻想が真実であると思うようになりました。あなた方の肉体の世界、目に見え耳に聞こえる物質の世界がすべてであるという幻想、どこかに神らしき存在はいるかもしれないが、それはあまりにも遠いところにいるために触れることは不可能であるし、到達することは不可能であるという幻想、そしてまた、天使の世界や創造主と交わる価値などないという幻想を信じはじめたのです。

あなた方は感情と感覚作用を持つ欲望体に捕らえられ、エゴが巧妙にあなた方の思考プロセスと現実を支配するようになりました。エゴは魂が肉体の中に入っている間、魂の召使いとなるべきものでした。ところで、エゴは非常に重要なものです。なぜなら、あなた方が体験を積み重ねていく中で個性を創出する手伝いをすることになっていたからです。物質世界においてのあなたという存在がどのようなものであるかを規定するうえで、エゴは役に立ちます。エゴはあなたの肉体という乗り物をモニターし、肉体の機能を助け、肉体が苦しい時や危険に瀕している時には魂にそのことを知らせるということになっていました。魂の支配者ではなく、魂の召使いとなるべきものでした。あなた方の多くはここにおいてもがき苦しむことになりました。エゴに与えた力を取り戻し、ハイアーセルフ*(↓巻末用語)の支配のもとでバランスをとろうとした時に苦しむこととなったのです。一般大衆はエゴに支配されてもがいていますが、あなた方の多くはエゴの支配から脱却することによって、非常に成功しているということを知ってもらいたいと思います。

あなた方は今、浄化や清掃をし、周波数や波動を上げているところですが、スピリチュアルなイニシエーションと私たちが呼んでいるものを、多くの人たちが体験するというところに来ています。もはや自分の役には立たないものを手放し、四つの低次元の身体のバランスをはかるようになると、あなた方は意識の階梯（かいてい）を昇りはじめ、高次元の叡知を獲得し、偉大なる光を体験することになります。これがアセンションのすべてです。毎日毎日、一歩進むごとに、周波数を上昇させるか、周波数を減少させるかのどちらかしかありません。上昇するか、下降するかのどちらかなのです。惰性で動いたり、流されるままに生きていくというのは、もはや選択肢にはありません。あなた方は選択しなければなりません。そして、選択の時は今です。

あなた方の多くは、いま十分な愛と十分な光と十分な美しさを放出しているために、一人のマスターに注目され、導きをすでに受けているか、あるいは、これから受けることになるでしょう。あなた方はいわゆる道を歩む弟子の一人になったのです。いまだに特定のマスターのエネルギーに、大いなる親近感を覚え共鳴を感じたことがない人は、呼びかけてみてください。話しかけてくれるように依頼してみてください。答えは夢の中に現われるかもしれません。あるいは、読もうとして本を開くとその一冊一冊の本の中に、美しい存在からのメッセージや言葉があるかもしれません。何らかの形であなたの心の中に入ってきて、あなたも彼らの存在に気づくことになります。これらの次元上昇したマスターたちは、キリスト意識を持った存在ですが、かつて地上を歩いた経験があり、あなた方と同じように人生の辛苦を経験したことがある存在です。したがって、彼らにはあなた方がどのようなことを感じているか、どのような困難に直面しているかが理解できます。彼らは極めて同情心が厚く、愛情に満ちた存在であり、彼らの属性である光をあなた方の上に注ぎはじめるでしょう。そして、それらの体験の恩恵とともに、膨大な叡知と愛と力をあなた方に与えてくれるでしょう。あなた方は単独でこれを行う必要はありません。私たちに援助の手を差しのべさせてください。道をスムーズにする手伝いをさせてください。

ところで、この偉大なアセンションの入り口、いま開かれつつある光の高速道路は、地球におけるこの偉大な実験が開始された時からすでに計画されていたものです。あなた方はこの使命のためにボランティアとして参加し、勇敢にもその使命に献身してきました。使命を忘れ、幻想の虜(とりこ)となったあとですら勇気を失わず献身してきました。何の援助もなく永久にもがきつづけなければならないという計画ではありませんでした。あなた方を救出して復帰させるというマスタープランは、常に存在していたのです。

心の目でこの荘厳な門を見てください。すると、その門を通り抜けてゆく非常に細い道が見えるはずです。確かに、その道はかなりの急勾配ですが、登れない道ではありません。この道の脇に、何本かの道があります。それらの道はもっとなだらかな斜面を通っていく道で、比較的、登りやすいものですが、遠回りをしたあとに再び真ん中の道と一緒になります。この狭くて素晴らしい道を通って高次元の意識に到達し、神聖なる我れに到達して、それを自分の生得の権利であるとして宣言するか、それとも、今は回り道を選んで、しばらくしてから、犠牲を省みずに突き進んで道を切り拓いていく勇敢な人たちのあとをついていくか、それはあなた方が決めることです。真ん中の道を行くのは恐ろしいように思えるかもしれません。相当な努力を払わなければならないように見えるかもしれません。しかし、どのような困難を体験することになるとしても、それによって与えられる贈り物はそのような困難をはるかに凌駕するであろうことを保証します。その門はすぐ近くまで来ています。愛する人たちよ、この門を入ってください。私たちを信じて、この門を入ってください。

私たちの言葉を信じて欲しいのですが、今夜あなた方が受けるイニシエーションは、数多くの過去世において体験したものよりも重要です。あなた方の多くは、エジプトで石棺の中に横たわって自らのエゴと魂の恐怖に直面し、なかにはイニシエーションに失敗した人もいました。いや、多くの人が失敗しました。また、身体から離れてしまったため、再びやり直さなければならない人もいました。しかし、愛する人たちよ、今はこれらの恐怖感を手放す時です。イニシエーションのプロセスを通り抜けていくために、過去の硬直した規則や試練を体験する必要はもはやありません。あなた方を助けるために、特別の免除、すなわち、恩寵の贈り物が与えられたのです。それは、あなた方がこのプロセスを素早く通り抜けることができるためです。しかし、このまたとない機会に便乗するためには、まず自分自身がコミットして、肉体的にも精神的にも霊的にも献身しなければなりません。

ここであなた方にもう一つの贈り物を差し上げましょう。

目を閉じて、あなたのハートセンターの神聖な部屋に入ってリラックスしてください。すると、この部屋が黄金の太陽の燃えるような炎に包まれて輝きはじめます。この部屋の中にいるあなたは、美しいダイヤモンド、クリスタル、あるいは美しい星です。そういうあなたを見てください。あなたの完璧なライトボディーはどのようなものだと思いますか。それはどのような感じでしょうか、覚えていますか。お望みなら、人間の身体にしてもいいでしょう。しかし、まず感じてみてください。その身体の軽さを感じてください。なんと生き生きとしていることでしょうか。肉体の中に閉じ込められて制限されていないあなたは、なんと自由なことでしょうか、感じてみてください。すると、あなたはクラウンチャクラを通って浮かび上がってゆきます。今、あなたは浮揚しています。自由に漂っているその感覚の素晴らしさを味わってください。そして今、高次元の世界に昇りはじめたあなたは、より精妙な周波数の甘美で清らかな空気の中に入ってゆきます。あなたは共鳴し、振動し、意識が非常にはっきりとしています。信じられないほど生き生きとした感覚を味わっていると、ずっと遠くの方に、荘厳なクリスタルの大伽藍(がらん)が見えます。二つの巨大なアーチ型のドアが大きく開かれ、一条の黄金の光があなたをすくい上げ、持ち上げて、この門の入り口まで連れてゆきます。この門を入ってあたりを見回すと、知っている顔がたくさん見えます。この大きな部屋はこの上なく不可思議で美しい存在たちでいっぱいです。音楽のあまりの美しさにあなたの目には涙が浮かび、放射されている愛のエネルギーに圧倒されそうです。通路を歩いていくと、人がいっぱいで先に進むことができなくなります。ほんのわずかの間、前方に何があるのかあなたには見ることができません。すると突然、あなたの前にいた人たちが右と左に進み、あなたは突然そこに残されて、力と大いなる同情の思いのエネルギーを放射している荘厳な衣装をまとった男性の前に立っています。彼の脇には、きらきらと輝く衣装を身につけた優雅で壮麗な女性が立ち、愛と慈悲のオーラを放っています。あなたは、これほど光に満ちた美しい男女を見たことはありません。燦然と輝く二人は、知っていますよ、というまなざしと大いなる愛情に満ちた目であなたを見下ろします。あなたの心は感謝の気持ちでいっぱいになります。この二人は「全能の神と女神」の代表者であり、「全能の神と女神」のエネルギーは強度を落とさなければ、彼らを見ることも、その大いなるエネルギーの磁場に立つこともできないことをあなたは知っています。

今、この美しい女性が一歩前に出て、あなたに手を開いてくださいと言います。彼女があなたの手のひらを笏（しゃく）で叩くと、きらきらと玉虫色に輝くピンクの石が現われます。すると、荘厳で同情心に厚い不可思議な男性が階段を降りてきてあなたの手のひらに笏で触れ、その笏から燃えるような青い光が輝き出てきます。青とピンクの色が混じり合って石は紫色になり、小さな紫色の炎を発します。あなたはこの美しい石を胸に抱きしめます。これが神と女神の本質を表わす贈り物であることを、あなたは知っています。崇敬の目でもういちど二人を見たあなたは、きびすを返して通路を歩き、建物から外に出ます。一条の光の中に足を踏み入れ、その光がクラウンチャクラを通ってハートセンターまであなたを連れ戻してくれます。そして再び、あなたはハートセンターの中でリラックスします。

愛する人たちよ、今夜あなた方がもらった小さな紫色の石に、創造主の本質を私たちが注入したということを知ってください。それは、紫色の変容の炎であり、この幸先の良い時を思い出すための不可思議な贈り物です。

いまやあなた方にも入手可能となった五つの高次元の光線を使いはじめてください。あなたの生活の中で活用してください。これらの光線はあなた方に力を与え喜びと恩恵をもたらし、アセンションの旅をより速く進むことができるようにするためにあるのです。愛する人たちよ、奇跡を期待してください。なぜなら、不可思議なる奇跡が待っているからです。あなた方はそれを自分のものとすればよいのです。あなた方は新しい世界の奉仕者です。あなた方は新しい時代のパイオニア的存在であり、道案内人であり、さきがけて明日の黄金時代の到来を前触れするようにと依頼される人たちです。

与えられた贈り物がどんなにささやかで重要ではないと思っても、それを使えば使うほど、さらなる贈り物が与えられます。あなた方は美しくも荘厳なる存在です。私たちはあなた方のために奉仕することを名誉なことであると感じています。

私はアーキエンジェル・マイケルです。この真実をあなた方にもたらす者です。

第36章　分離の幻想を終焉させる時

愛する光のマスターたちよ、あなた方は高次元の世界に存在するための準備として、新しい意識の外套を身につけようとしています。そういう時にあたって、いくつかの考えをあなた方に提示したいと思います。新しく登場しようとしている現実についてのあなた方の考えと合致しているかどうか確認してみてください。

男性のエネルギーと女性のエネルギーは分離しているという幻想について探究してみましょう。すなわち、セクシュアリティーについてのあなた方の考え、いわゆる「両性の戦い」について考察してみましょう。

あなた方は、肉体、精神体、感情体・エゴ体、そして脳の右半球と左半球のバランスをとっているところです。それだけでなく、長い年月にわたって努力してきた結果、男性エネルギーと女性エネルギーの両極性を統合するというプロセスの真只中にあります。

この戦いは、神のエネルギーと女神のエネルギーが、相対立するものとして戦わされるようになった時に始まりました。父なる神の神聖な力と意思は濫用され、同様に、母なる神の神聖な愛と叡知も濫用されました。これはアトランティス時代の半ばに始まり、徐々に進行して、女神は地上から姿を消すことになったのです。女神はほんのわずかのエネルギーしか地上に残していかなかったために、家父長社会への道が開かれ、女性の肉体に入っている存在は従属させられることになりました。

また、逆の意味での隷属が行われていたもう一つの時代がありました。これは神話として語られることを除けばあまり話題になることのない、アマゾンの女人族社会があった時代です。この社会では男性は奴隷として利用され、過去一万年ほどの間に女性が受けてきた不平等や暴虐と同じような体験を強いられていました。しかし、それは一万年には及ぶことはなく、差別を受けた女性の数ほど多くの魂が経験したわけではありません。それでも、多くの魂のエーテル界の記録にはこの体験がいまだに刻印されて残っています。

この戦いに終止符を打つ時です。あなた方の一人ひとりが、数多くの輪廻転生（りんねてんしょう）を重ねる中で男性と女性の両性を体験してきたという事実を思い出し、受け入れなければなりません。あなた方は犠牲者と加害者の両方を体験しています。力と意思という男性のエネルギーを行使したこともあり、愛と叡知という女性的な側面のエネルギーを膾炙（かいしゃ）させたこともあるのです。今という時は、この二つのエネルギーが融合し、お互いを改善し、統合し、強化し合って、一人ひとりの存在の中で、完全な調和とバランスがとれたものにする時です。

今という時代には、男性の身体の中にいることの方がずっと好きでありながら、女性の身体に入っている数多くの美しい存在がいます。彼らは、女性が力づけられた時どのように生きることができるか、どのように行動し機能することができるかを示すお手本となるために、女性の身体を持って生まれてくることに同意したのです。つまり、力に満ち溢れ、行動的で、外面的なことに心の焦点を向け、ダイナミックに意思を行使しながらも、女神の愛と、叡知の波動と、調和した識別と、同情心を持って行動することに同意した人たちです。

女性の身体でより多くの人生を過ごしたために、女性の身体のモードの方がより快適に感じる男性も数多くいます。彼らは、男性が男性的でありながら、同時に感情を表現し、創造性を発揮し、同情心に溢れ、愛を育み、優しい心を持つことができることを、身をもって示すために今という時代に男性として生まれてくることに同意した人たちです。

両性間の亀裂は狭まりつつあり、男女を分け隔てる（大衆意識による分け隔て）様々な決まりはだんだん明確さを失いつつあります。女性はビジネスの世界や公職において積極的に活躍し成功を収めており、合意のうえで、男性が家事を切り盛りして子どもの面倒を見るというのも社会的に受け入れられつつあります。しかし、道はまだまだ遠いものがあります。

性的なエネルギーの磁場は地上の男女間の戦場です。あなた方の多くはいまだに欲望体によって支配されています。あなた方は自分を完全な存在であると感じさせてくれる完璧なパートナー、苦痛と孤独を慰め軽減してくれる完璧なパートナーをいまだに探しつづけています。愛する人たちよ、それはうまくいかないでしょう。それでもあなた方の多くは、次々と異性との関係を持ち、それぞれが悲惨な結果に終わって、あなた方の航跡にはますます多くの苦痛と失敗した人生が残されることになります。

女神のエネルギーが再び地球に戻りつつあります。あなた方の多くは、使命の重要な部分は自らが錨(いかり)となってこのエネルギーを固定し、愛と叡知の女性的な光線を代表する存在になることだという事実に目覚めつつあります。多くの勇敢な男女が、未来における男女の原型としての模範ないしはパイオニアになることに同意しました。男性エネルギーと女性エネルギーが完全なバランスをとりながら、人生体験のあらゆる側面において、お互いを補足し、助け合い、交流していくのです。

完璧なパートナー、ないしは神聖な自分の片割れを見つけるまでは、自分の内部にある男性エネルギーと女性エネルギーの両極性を統合することに心の焦点を合わせなければなりません。あなたの神性を受け入れてください。「神・女神」の神聖な代表者であるあなたを愛してください。あなたの肉体との戦争に終止符を打ち、聖なるスピリットの神殿として受け入れ、「ありてある我れ」の助けを借りて完璧なものにしてください。殉教者になってあなたが持っている力を他人に委譲するのはやめなければなりません。また、受け入れてもらいたい、認めてもらいたいと、強引に攻撃するようなことはやめなければなりません。あなた自身のアイデンティティーと独自性を我が物として宣言するのです。自分を他の人と比較することをやめなければなりません。この人生で花開かせた様々な才能を活用して、使命の達成とマスターになるという究極の目標からあなたを遠ざけている障害物を乗り越えていってください。

性的なエネルギーを武器として使ったり、逃避の手段として使うことをやめなければなりません。人をして力づける類まれな贈り物として、性的なエネルギーを使ってください。それこそが本来意図されていることです。あなたの肉体、およびあなたが融合する選択をする相手の肉体を尊重してください。性的な関係を持つ時、あなたが受け取るものは体液だけではありません。良かれ悪しかれ、相手のオーリックフィールド＊（↓巻末用語）にあるエネルギーを取り入れることとなり、三次元の存在様式の中でそれらのエネルギーが拡散してなくなるまでには、何年もの年月がかかります。

愛する人たちよ、今は自分自身に心を集中し、あなた自身の魂と融合し、精神的な資質と感情的な資質のバランスをとってください。あなたの創造的な能力を努力して開発し、かくも長いあいだ眠りつづけてきた、隠れた才能や天稟（てんりん）を再び活性化してください。それができた時、完全で躍動的なあなたが姿を現わし、もし望むならば、他の人とその完全なる自分を分かち合う用意ができるでしょう。そして、力に満ちた自分自身を反映させて、あなたという存在から何かを取り去る存在ではなく、何かを付加し、かつ補足してくれる存在を選ぶことになるでしょう。二人のシナジー*（↓巻末用語）とエネルギーの交流によって、これまでよりもさらに偉大な奇跡を実現することができるでしょう。

あなた方は今、再会しているところです。あなたの魂の家族や、あなた自身の様々な側面と一体になりつつあるのです。分離という幻想は今、姿を消しはじめ、近い将来には完全に消滅することでしょう。他の誰かにあなたの希望・夢・願望を託すことは、その人がどんなに素晴らしいように見えても、どんなに完璧であるように見えても、あなた自身の力と、潜在的な完全性を否定することになります。あなたは自らの権利としてマスターであることを承認しなければなりません。神の目から見れば、あなたは他の人より優れてもいなければ、劣ってもおらず、等しい存在です。

自分が誰であるかに関して責任を引き受けること、それが第一歩です。自分の失敗や弱点を他人のせいにしたり、男であることや女であることのせいにしたり、社会のせいにしたりするのをやめること、それが次のステップです。あなたの男性的な属性と女性的な属性を承認し、融合して、美しくも完全にバランスがとれた、かつ自足したスピリチュアルな存在として、肉体の中に存在してください。その時、その時はじめて、あなたがこの人生をスタートさせる前に引き受けた役割を演じることができるようになるでしょう。その役割とは、統合された存在、愛情と力に満ち溢れた存在となって、「神・女神・創造主」の延長存在となることです。

高次元の世界に住む私たちはいわゆる両性具有であり、ユニセックスで、男性の属性と女性の属性を併せ持っています。しかしながら、それぞれの性の様々な側面をすべて表現しますし、好みがあることも事実です。しかし、個人的な好みが問題になったり、そのためにバランスが崩れ、調和が失われるということは決してありません。個人的な好みは、その時に取り組んでいる仕事を達成するために、エネルギーの表現として活用します。「父なる神」のエネルギーは、力強く、積極的に、かつダイナミックに、また「母なる神」の創造的な属性を用いて、愛と叡知と、同情の思いの波動を送るのです。

愛する人たちよ、分離に終焉をもたらす時です。あなた方の内部にある両極性を、これを最後として統合し、調和のとれたものにして、私たちのところに来てください。数多くの新しい冒険が待っています。新しい世界を創造する冒険が待ち受けています。私はアーキエンジェル・マイケルです。

第37章　新しい世界での奉仕

愛する光のマスターたちよ、一年が終わりに近づいてきたら、祝祭日に心の焦点を合わせる前に、ちょっと立ち止まって、これまでに起こったことを検証してください。あなたがどれほどの成長を遂げたか、あなたの知覚がどのように変化したか、あなたのまわりの世界がどのように進化したか、検証してみてください。

あなた方の多くは十二月という月に、キリストの子の誕生を祝いますが、この出来事は何かしら異なった意味合いを帯びて、本来の美しさや荘厳さを失い、狂ったようにプレゼントを買い求めては人に与えるという結果になっています。これは私たちの提案ですが、自分自身にもっと大切な贈り物をプレゼントすべきではないでしょうか。このホリデイ（英語では神聖な日という意味がある）、神聖な日々を異なった目で見るのです。二千年前に起こったことは、確かに奇跡的な出来事でした。どうすれば創造主の光の中へと戻っていくことができるのか、その道を示すために偉大なるアヴァター*（→巻末用語）が生まれたのですから。今という時は、キリストエネルギーまたはキリスト意識の帰還を祝うべき時であり、時が至れば、キリストの誕生があなた方一人ひとりの魂の中で起こることになるでしょう。他の偉大なるアヴァターと同じように、イエスは道を示すためにやって来ました。そして、あなた方に差し出されたこの贈り物を受け取るべき時は、今です。それはデパートや宝石店で求めることができるものよりもずっと貴重な贈り物です。

キリストの再臨ということが預言されてきましたが、あなた方の一人ひとりが心の中に神聖な場所をつくり、「魂の我れ」と一体になる中でキリストの再臨は起こっているのです。これによって、キリスト意識があなたに光を投げかけ、あなたを通して働くための道が開かれています。我が愛する友よ、これが預言されてきた「キリスト再臨」の本当の意味であり、これはキリスト教を信奉する人だけのための贈り物ではありません。キリスト、およびキリストエネルギーの意味は、創造主から完璧にして神聖なるエネルギーが注がれるということです。これは人類の神聖なる遺産であり、いや、すべての被造物の遺産です。ブッダもこのエネルギーを持っていました。ラマ、モハメド、クリシュナ、その他多くの存在も持っていました。あなたもまた、この神聖なエネルギーの火花を持っています。あなた方は「すべて」兄弟であり姉妹であるという真実を、どうぞ受け入れてください。あなた方は皆、「一つの源」からやって来たのであり、その「一つの源」へと帰っていくのです。

トゥエルヴ＝トゥエルヴと名づけられた宇宙的な出来事は、あなた方がスピリットと自らの神聖な運命に再び献身し、それに再びコミットすることを再確認するための機会でした。これは、あなた方が地上で肉体を持って生まれてくるよりもずっと前に約束したことです。このコミットをした人たちの多くは、十分に覚醒していないためにハイアーセルフの呼びかけに応じることができませんでした。

また、他の多くの人たちには、途中で遭遇した試練や障害を克服するだけの力、ないしはひたむきな献身が欠けていました。しかし、素晴らしいニュースは、あなた方の実に多くの人たちが約束を守り、使命を果たすことに献身してきたということです。したがって、トゥエルヴ＝トゥエルヴにおいて意識的にコミットしなおしたということは、重要なステップだったのです。

この一年間はまるで大旋風に巻き込まれていたかのように感じていることでしょう。大切な人たちよ、あなた方の世界でのこれからの二年間は、さらに劇的なものになります。さらに、何が起こるか予知することは不可能になるでしょう。あなた方の多くは次元上昇したマスターの導きに従って仕事をする準備ができています。これらの素晴らしい存在のうちの特定の存在にすでに共鳴するものを感じていなければ、彼らは様々な手段によって、コミュニケーションをはかってくるでしょう。彼らがあなた方のガーディアン（守護者）になると、彼らの叡知と力と能力であなた方を包み込んでくれます。それによって、五つの高次元の光線と高次元のチャクラをあなた方の四つの低次元*（↓巻末用語）の身体と統合することが容易になるでしょう。

あなた方は新しい世界で奉仕する人となるのです。スピリチュアルな世界の延長存在として肉体を持つのです。これこそ、あなた方が準備してきたことであり、物質的な世界において調和をとり、バランスをはかることが不可欠である理由です。

一般の人たちが目を覚まし、魂の促しに注意を向けはじめた時、導きが必要になります。優しく彼らを育み、サポートしてあげることが必要になります。彼らは答えを模索しはじめるでしょうが、この三十年ほどの間にもたらされた膨大な量の情報をすべて読む時間はありません。彼らに必要なのは生きた模範例であり、簡単な説明です。ここで、ニューエイジの先兵であるあなた方の登場となります。

あなた方の多くは、自分の使命が何であるか、自分の専門領域が何であるかを示されればそれに取り組む準備ができており、まもなくそれを示されることになるでしょう。あなた方の多くはすでにそれを知っていますが、これからの仕事に役立つ新しい意識の贈り物を与えられることになるでしょう。愛する人たちよ、あなた方は一つの門を通り抜けました。それは、未来へとつながる門です。準備の時間は終わりました。今、壮大なドラマが始まろうとしています。

今という時において、世界が破滅すると唱導する人たちがつくり出す恐怖とマイナスのエネルギーを中和することが極めて重要です。世界の終わりがやって来るのではなく、一つの時代が終焉し、奔放なる新しい時代が始まるのです。約束に満ちた明るい未来の到来です。あなた方が変容を遂げ、光に満ちた波動の中で機能しはじめるにつれて、他の人たちも気を取りなおして、あなた方が提示する情報をあえて調査し、真偽を問いただそうとするでしょう。これが始まると、人類全体に波及効果が現われるようになります。あなた方は人びとに教えることになるでしょうが、血の通った模範例としてそうするのです。その時、彼らも顕現しつつある叡知をもはや否定することはできなくなるでしょう。あなた方が体現する新しい真実を否定することは不可能になります。

何らかの軋轢はあるでしょう。宗教的にも、政治的にも、社会的にも、旧来の伝統的な組織は抵抗するはずです。しかし、愛する人たちよ、それに気をそらされてはなりません。あなた方のヴィジョンと目的に忠実でありつづけてください。静かに、しかし大胆に歩いてください。識別の目を持って、あなたの真実と誠実さから道を外さないでください。私たちはあなた方の傍らを歩いています。あなた方には、万物の創造主の愛と叡知のエネルギーが波のようにやって来ては注ぎ込まれています。あなた方が失敗することなどあり得ないことです。私はアーキエンジェル・マイケルです。この真実をあなた方にもたらす者です。

第38章　私の探究

静かな時になぜ、私は探究するのだろう?
何が、あなたをして微笑ませるの?
何が、あなたの目に光を灯すの?
あなたの心にどんな影が落ちるの?
どんな悲しい思いを、あなたは覚えているの?
私のスピリットから
あなたのスピリットを引き戻して
私を独りぼっちにして時の中に宙吊りにするもの
それは何?
あなたと一つになりたくて
私の「本質」は求める
二つの孤独な半身が
一つの全体をつくろうとして

ロナ・ハーマン

第39章　魂と肉体の浄化の時はいま！

愛する光の子どもたちよ、私はアーキエンジェル・マイケルです。今、新しい年を迎えるにあたって、あなた方に挨拶を送ります。今、この時に一つのプロセスを開始するようにと提案します。それは言うなれば、魂と肉体の浄化というプロセスです。

あなた方の多くは、定期的に身体の大掃除を行います。つまり、内臓器官の毒を除去し、新たな活力を与えるというプロセスです。感情的な浄化のプロセスや、精神的な浄化のプロセスも非常に望ましいことで、あなたに対して大いなる恩恵をもたらしてくれるでしょう。長年にわたって蓄積されてきた毒素や毒物が体内にいっぱいに詰まっている時、純粋な光のエネルギーで満たすことは不可能です。

極端なことをする必要はありません。内臓を掃除するのはよいことです。つまり、一週間は果物や野菜、ジュースなどの軽い食べ物を食べ、水をたくさん飲んでください。愛する人たちよ、消化組織を少し休ませてあげてください。消化器官が復元力と活力を取り戻し、最大限の効率で機能できるようにしてあげるのです。これについてはいろいろなプログラムが入手できます。自分にとっていちばプロセスを貫徹できるようにスピリットの力と意志の助けを求めるのです。

ん役に立つとあなたが感じるものを使ってみましょう。失敗を恐れないでください。あなたのスピリットセルフ*（→巻末用語）に、正しいプロセスに導いてくれるようにと聞いてみるとよいでしょう。それから、その

これによって与えられる恩恵は多方面にわたるものとなるでしょう。第一に、健康が大いに増進され、次のプロセスに向けての土台を築くことができます。すなわち、あなたのスピリットとより親密なパートナーシップとコミュニケーションを確立するために、感情的な浄化と精神的な浄化をするための準備になるでしょう。

愛する人たちよ、奇跡に満ちた時代が訪れようとしています。しかし、今あなた方に差し出されているものを受け取り、活用するためには準備が必要です。エンジンオイルが汚れていて、エンジンのかかりが悪い車の場合、車体をピカピカに磨き、ガソリンを入れてあげてもうまく機能するわけはありません。エンジンをきれいにしてチューニングをし、各部品の調整をしなければ効率的に動いてはくれません。あなたの身体も同じことです。

あなたは前途に待ち構えている奇跡を受け取る準備ができていますか。愛する人たちよ、それはあなた次第です。どれほどあなたが切望しても、求めても、願望しても、夢見ても、必要な一歩を踏み出さなければ、あるいは間違った合図や矛盾した信号をスピリットに送ったならば、望む結果を達成

することは絶対にできません。

自分自身との会話を開始し、その会話を続けてください。あなたの人生の道ないしはスピリチュアルな成長と関係がある適切な質問をしてください。一回に二つの質問はせずに、一つの質問にだけ集中して、答えをくれるようにと依頼するのです。答えは必ずやって来ることを信じて、期待して待ってください。他の人が言うことや、誘導されて読むものに注意してください。答えは何からやって来るか分かりません。夢・本・人との会話、様々な形でやって来ます。常に注意深く見守っていなければなりません。そうしてやって来た情報があなたの内なる真実に共鳴したならば、その答えに留意して、与えられた導きに従わなければなりません。

毎日、予期しないことが起こるのを期待してください。不可思議にして大いなる変化が待ち受けています。幼子のように、あなたにとって素晴らしいことが起こることを期待しながら生きるのです。あなたの思考プロセスをチェックして、監視し、それがネガティブなものかポジティブなものかを確認してください。なぜなら、これによってあなたの未来が築かれるのですから。毎朝、起きる時に、今日も一日を最大限に活用すると確言してください。「ありてある我れ」に、叡知と識別力と方向性を与えてくれるようにと依頼してください。そして、愛とやすらぎのオーラの中に置いてくれるようにと依頼してみてください。

これによってどれほどの変化が生まれるかチェックしてみるとよいでしょう。あなたの未来をスピリットに委ねて、未来が完璧な形で展開するのに任せるだけの勇気がありますか。あなたの前に横たわる障害物や困難な問題はすべて、あなたの成長のためです。障害や困難な問題をそのようなものとして受け入れて、知識と意識を獲得するための機会とすれば、それはもはや障害物には見えなくなるはずです。

愛する人たちよ、毎日、数分間、ハートセンターに心の焦点を絞ってみてください。あなたのキリスト意識の愛が（クラウンチャクラ*（→巻末用語）を通って）身体に注ぎ込まれ、脊髄がまるで蛍光灯のように点灯するのを感じてみてください。さらに、この光が身体全体に浸みわたっていくのを感じます。やがて身体全体に漲（みなぎ）ったこの光を、紫色の光の流れにしてハートチャクラから体外に放射してください。この瞑想を毎日行えば、あなた自身のために、また、他の人たちのために計り知れない奇跡をもたらすこととなるでしょう。

あなた方が共同創造主となって、地上に天国を築く時です。新人であることに甘んじ、学生であることに満足している時代は急速に終わりに近づいています。本来マスターである自分を取り戻し、はるか昔に同意した責任をすべて引き受ける時です。愛する人たちよ、そのプロセスであなたがどのような役割を引き受けるか、その結果、どれほど豊かなスピリットの報酬を得るか、それはあなた次第です。すぐに始めてください。今いる場所で、今、持っているものを道具として、今、開始してください。あなたが一歩前進するたびに、ガイダンスと指針が与えられるでしょう。私たちが保証します。

愛する人たちよ、今は奇跡の時代です。あなたのグラスが奇跡で満たされるか、それとも空っぽのままに終わるか、それを決めるのはあなたです。

私たちはあなた方を絶対的に信頼しています。昼も夜も、あらゆる瞬間瞬間に、あなたからの呼びかけを待っています。私はアーキエンジェル・マイケルです。この真実をあなた方にもたらす者です。

第40章　アセンションドラマの開始

愛する光のマスターたちよ、トゥエルヴ＝トゥエルヴ*(↓巻末用語)のアセンションの門が開かれて以来、あなた方の多くは様々な感情や感覚を体験しています。高次元の周波数へのイニシエーション（通過儀礼）を体験し、ずっと前から詰まっていたエネルギーが取り除かれると、必然的に体験することがあります。喜びや至福の思いを表現したり、バランスがちょっと崩れたように感じたり、枠組みという感覚が消えてしまったり、ひょっとしたら、何かしら傷つきやすい自分になっているかもしれません。このエネルギーを表わすよい言葉がないので「ダーククリスタル」と呼ぶことにしますが、あなたの身体やオーリックフィールドからこれらのエネルギーが取り除かれると、あとに真空状態が残ります。喪失感の場合もあるかもしれません。

愛する人たちよ、あなた方はずいぶん長い間、いくつもの時代を、これらのネガティブなエネルギーと一緒に生活し、その影響を受けてきました。これらのエネルギーは、力づけ、愛、統合といった観点から機能してきたわけではありませんが、慣れているものであり、真実の自我であると信じ込まされてきたものです。

変容のプロセスに耐えてください。前進するにつれてだんだんとやさしくなっていきます。あなたの体内に滞っているエネルギーが、細胞の深層構造から引き上げられて身体から出ていく様を想像してみてください。そのエネルギーがあなたのエーテル体*(↓巻末用語)の網を通り抜けていく時、身体を覆っているこの網にまるで糊(のり)のようにくっついている大量のネガティブなエネルギーを、磁石のように引きつけてはがしていく様を想像してください。それから、あなたの感情体に向かって進み、感情体のエネルギーの磁場にあるネガティブなエネルギーも集めていきます。自分には価値がないといった感情や、怖れ、怒り、ストレス、不安などの感情で、あなたのバランスを崩して苦しませているエネルギーです。これらのダーククリスタルがさらに遠くへと離れていく過程で、精神体を通り抜けていき、あなたをスピリットから切断させている硬直した考え、価値判断の思い、エゴに支配された衝動などをすべて引きつけて持っていきます。現在の時点で解放する準備ができているものはすべて解放したと感じたら、そのエネルギーが精神体から出ていくのを見てください。そして、あなたの「ありてある我れ」に大いなる一条の光を送ってもらい、ダーククリスタルを持ち上げて純粋な光の物質に変えてくれるようにと依頼してください。

今度は、あらゆる色合いを持った荘厳な光のクリスタルを感じ取ってください。このクリスタルにはものすごいばかりのエネルギーが与えられています。この光のクリスタルでとくに際立った色は五つの新しい光線で、それがあなたの「ありてある我れ」から波のように、脈打ちながら送り込まれ、ダーククリスタルが取り除かれた結果、空っぽになった場所はすべてその光で満たされていきます。これによってあなたに必要な光の量がすぐに充足され、アセンションに向けての素晴らしいライトボディー*(↓巻末用語)の顕現が容易になります。

トゥエルヴ＝トゥエルヴの自由への門が開かれたことによって、準備と計画の時代は完了しました。壮大なドラマが今、始まろうとしています。ドラマの登場人物もすべて配置されています。このドラマに出演する人は、勇敢に一歩足を踏み出して、このニューエイジにおいて自分の最高の運命を生きよとの呼びかけに改めてコミットすることによって、自分の役割を我が物として宣言する人です。確かに、トゥエルヴ＝トゥエルヴはイニシエーションの時でした。しかしながら、この儀式に参加するためには、大きな集会に参加したり、どこか神聖な場所に行かなければならなかったということはありません。あなた方の中には、ひとり静かに自らの運命への献身を確認した人もいますし、数人の親しい友達とそうした人もいます。また、控えめで自らの価値について自信が持てない人の場合には、眠っている間にこのポータル*(↓巻末用語)に足を踏み入れてイニシエーションを受けた人もいます。少しまだ疑っているところがあるからといって、またバランスのとれていない分身というお荷物を抱えているからといって、あなたのハイアーセルフはこの役割から簡単には外してはくれません。それらのエネルギーを浄化してバランスをとるための時間はまだありますが、早ければ早いほど、また徹底的にやればやるほど、これからが楽になるでしょう。愛する大切な人たちよ、アセンションのプロセスは今フル回転しており、力がどんどん強くなっています。膨大な量のネガティブな思考形態が、人類の意識から一掃されています。長い間、暗闇の中に隠されてきた場所に光が注ぎ込まれています。権力の座にあって、いまだに三次元の考え方にどっぷりと浸かっている人びとは、彼らの帝国が崩壊するのを目撃することになるでしょう。

成長にともなって多少の苦痛や不快感を体験するであろうことを覚悟してください。しかし、あなたのスピリットがあなたの盾となり、苦痛や不快感を和らげることを許してあげてください。すでにお話しした通り、これから様々な奇跡が起こるでしょう。ますます多くの人びとに不可思議な贈り物や大いなる援助が与えられる中で、興奮が高まっています。これから刈り取ることになるであろう収穫物を、あなた方は自らの努力で勝ち取ったのです。あなた方は確言し、そして信じてきました。そして今、あなた方の個人的な生活において、いずれは世界全体において、あなたの信頼と献身が何を顕現できるか、それを目撃することになるでしょう。

あなた方の多くは高次元の意識に急速に移行しています。昨年までは非常に重要に思われたことでさえ、今ではその意味や重要性を失ってしまったようです。もはやあなたのためにならない昔からの人間関係や仕事や習慣を手放すにつれて、ほとんど奇跡的に光の家族のメンバーとの再会に導かれる人もいるでしょう。あなた方の多くは新しい場所に引っ越したいという衝動を感じるでしょう。怖れからではなく、期待感と心のときめきからです。大都会を離れてあまり人が住んでいない、自然が無垢な状態で残されている場所に引きつけられるでしょう。人里はなれた、汚されていない場所には、私たちが多くのエネルギーを集中的に送り込みます。そのような地域の様々な周波数があなたに呼びかけるでしょう。そのような場所ではあなたは大いなる心のやすらぎを感じ、ついに故郷にたどり着いたと感じるでしょう。あなたはその場所にあなた自身の魂の波動とハーモニックスを付加し、同じような波動を持った人びとがその場所に引きつけられてくるでしょう。あなたは一年前のあなたではありません。人類の変化はこれからますます劇的なものとなっていくでしょう。一九九四年のトゥエルヴ＝トゥエルヴは出席の確認といってもよいものでした。アセンションという計画においてどういう場所をとるか、それを決めるのはあなたです。あなた以外には誰もいません。どのような役割を演じるか、どのように奉仕するか、奉仕する選択をするかしないか、あるいは三次元の現実における幻想のドラマの犠牲者でありつづけるか、それを決定するのはあなたです。

誰もがアセンションのプロセスに参加する運命にあります。しかし、愛する人たちよ、いつの時をあなたの時として選びますか。今、アセンションの機会の窓が開かれ、行進が始まりました。列ができつつあります。エスカレーターに乗ろうとしている人がいます。星に向かってハイウエイがのびています。大胆な新しいドラマの幕が開こうとしています。あなたはどんな役割を演じますか。愛する人たちよ、実に見事な新しい舞台衣装をあなた方のために準備してあります。聖なる光のコスチュームです。そして、あなたが手をのばして自分のものであると宣言しさえすれば、次元上昇したマスターという役はあなたのものとなるのです。

愛する人たちよ、私たちはあなた方の決断を待っています。あなたの運命を選択できるのはあなたしかいません。私はアーキエンジェル・マイケルです。この真実をあなた方にもたらす者です。

第41章　フォトンベルトの実体

多くのライトワーカーたちが、予言されたある出来事について質問を発しています。地球と太陽系がフォトンベルトに突入して、五日間真っ暗になり、バッテリーを含めてすべての電気システムは完全に動きを停止するという予言です。

この出来事が起こった時、自分を含めて家族はどうなるのだろう、地球は、人類はどうなるのだろう、と誰もが知りたいと思っています。私たちに大きな影響を及ぼすかもしれないようなことが予言として提示された時、私たちは自分自身の思考過程を使って叡知を探究し、それが真実であるかどうか、妥当なものであるかどうかを確認する必要があります。「フォトン」についての理解を深めるために、『ウエブスター英英辞典』で定義を調べてみました。

「フォトンとは一定量の電磁波エネルギーであり、パーティクルと波の性質を兼ね備えている。電荷はなく集合体でもないが、弾力とエネルギーを有している」。光のエネルギー、エックス線のエネルギー、ガンマ線のエネルギーなどは、フォトンによって運ばれるということです。

以下は、フォトンベルトが与える影響および、それが人類にとって何を意味するかについての、アーキエンジェル・マイケルの見解です。

愛する光のマスターたちよ、未来への絶望感と不安を感じさせる様々な予言があります。地球の大変動、破壊、自然の変化、「神の行為」なるものについての様々な予言と同じように、フォトンベルトについての予言は、人類一人ひとりの心に怖れを引き起こしています。あなた方の地球はネガティブな思考形態と毒素の汚染によって窒息状態となり、緩慢な死を迎えているという事実があります。大変な数の人びとが絶望的な貧困の中で悲惨な生活をしているという事実があります。そして、人類の意識の中には無気力と絶望感が潜入しているという事実があります。このような事実にもかかわらず、自分が置かれている立場や状況がどのようなものであれ、人間の思考形態は変わりません。「知られているものは、どんなに不満足なものであっても、未知のものよりはよい」という考え方です。

人類が同意しようとしまいと、協力しようとしまいと、人類にとっての急激な変化は起こらなければなりません。このプロセスの一歩一歩を歩むごとに、抵抗して泣き叫ぶ人は、自分の人生ががらがらと崩れ落ち、これまでうまくいっていたことがまったく働かず機能しないと感じることになるでしょう。あなた方の中には、洞察力と意志力をもって知識と愛と叡知を献身的に探究し、意識の拡大を求め、そうすることによって新しい波動の周波数と意識を調和させてきた人もいます。そのような人たちは、人生のすべてが流れるようにスムーズに展開して、素晴らしいシナジーを体験することになるでしょう。

愛する人たちよ、これはすべて進化に関わることです。新しいあり方や意識が、拡大に向かって前進しているということです。予言されていたように、地球の自転周期は減少し、エーテル界*(→巻末用語)の地軸の内面的な転換があり、地軸は修正されました。すでに明らかにされているように、フォトンエネルギー(ガンマ線)の大いなるうねりが太陽系を移動していますが、地球の科学者たちはこれを何とも説明することができないでいます。あなた方は一九六二年からずっとこのエネルギーを感じ、その影響下にあります。その結果、天候のパターンに大きな変化が生じ、地球の動きがこれまでになく激しくなり、火山の爆発も多く見られたのです。宇宙、あなた方の銀河系、あなた方の太陽系、そして地球は、あなたが許可を与えようと与えまいと、それを受け入れようと受け入れまいと、容赦なく進化していくでしょう。

そういうわけですが、あなた方は、この現象がどのようにいつ顕現するか、そしてそれがあなた方一人ひとりにどのような影響を及ぼすかということを知りたいと思っています。第一に、予言とは、未来のある時点で何かが起こるかもしれないという可能性についてのものです。宇宙の秩序に関わるこの壮大な出来事においては、あなた方の自由意思が介入する余地はありませんが、つまりあなた方が同意しようとしまいと起こることですが、それが起こる時間の枠組みについて正確に予言することは不可能です。繰り返しますが、正確に予言することは誰であれ不可能です。天界の存在ですら、それは不可能です。しかし、これが人類に広い意味でどのような影響を及ぼすかという質問に、前もって答えることはそれほど難しいことではありません。

次のことについて考えてみてください。肉体と心とスピリットの波動ないしは周波数を高める努力をしてきたあなた方の中には、電気器具が突然使えなくなるとか、車の電気系統が故障したかと思うと突然正常に機能しはじめるというような、いらいらする体験をした人がいるはずです。あるいは、修理してもらおうと店に持っていってみると、何もおかしなところはありませんと言われたことがあるはずです。この現象はどうすれば説明できるのでしょうか。これは皆、あなたの電磁波の磁場が増幅したことによって生じたことです。あなた方の多くはすでにこの異常な現象の原因を理解して、電気器具や車をあなたの高い周波数に合わせて調節してきた人もいれば、何もせずに正常に戻るのを待つことによって対処している人もいます。これがヒントになるでしょうか。

まもなくやって来るであろうこの出来事の、複雑で専門的な詳細はさておいて、あなた方は新しい時空連続体の中へ突入していると言っておきましょう。オムニバース＊(↓巻末用語)は電気と電磁波エネルギーの振動で成り立っています。あなた方もまた、電磁波エネルギーの磁場です。このエネルギーの宇宙雲の接近はこれまでのところ漸次的なものであり、これからもそのような形で進行していくために、次元の移行が起こるまでには時間がかかるでしょう。しかしながら、人類全体が、また地球がこの新しい周波数と新しい現実に適応していく中で、急激な変化やさらに多くの異常な出来事が起こらないという意味ではありません。この時空の重複が完了すると、あなた方の地球は三次元から四次元の周波数そして、五次元の周波数へと移行していくでしょう。以前にも、あなた方は五次元に向かって移動していると言ったはずです。とすれば、これが何か驚きに値することでしょうか。

というわけで、あなた方の怖れは何に基づいたものでしょうか。未知の要素でしょうか。それとも、もしもこれが起こるとして、数日間真っ暗闇の中にいなければならないといったことでしょうか。別なシナリオも予言されていることを知っているでしょうか。「地球が最初にフォトンベルトに入れば、空は火のように燃えるだろう。しかし、それはまったく熱くない、冷たい光である」。もう一つの予言はこうです。「太陽が最初に入れば、直ちに暗闇が訪れ、それは約百十時間継続し、恐慌状態と大混乱が生じるであろう」

さて、愛する人たちよ、ここであなた方の自由意思の出番となります。人類は、来たるべき宇宙の変化において現実を激しく揺さぶられるような体験をするか、それとも意識を十分な高みにまで引き上げることによって最小限の不快感と苦痛でこの移行を成し遂げるかという選択です。

これは実に象徴的なシナリオではないでしょうか。燃えるような炎と流れ星で空がいっぱいになり、光の中に生まれ変わり、新しい意識が誕生し、まったく異なったハーモニックス*(↓巻末用語)のシステムが誕生するか、それとも完全な暗闇が訪れ、あなた方が理解しているところの機械化された社会が、少なくとも一時的に完全に機能を停止して、人類にショックを与えて目を覚まさせるか、どちらかのシナリオになるのです。

地球に大変動がやって来てあなた方の国の大部分は破壊されるだろうと予言された出来事の中には、

数多くの素晴らしいライトワーカーの献身的な働きによって回避されたものがあるのと同じように（誤解しないで欲しいのですが、あなた方は確かに違いをつくり出しているのです）、フォトンベルトへの突入というこの出来事も、わくわくしながら待ち焦がれるべき喜びの出来事にもなり得るのです。あなた方は昔ながらの怖れと絶望のパターンへと戻っていくのでしょうか、それとも、この来たるべき出来事においても自らの主体性を受け入れ、自らがマスターであるという事実を受け入れて行動するのでしょうか。このメッセージを広めて、噂を打ち消してください。フォトンベルトについて質問してくる人に対しては、光と叡知と調和と合一した目的を目指して努力する人にとっては、未来は約束に満ちた明るいものであると伝えてください。

来たるべきこの出来事がどのような形で顕現するとしても、それとは無関係に、あなた方の多くは機械化された世界の便利さや快適さに依存しすぎていることを自覚しています。あなた方の多くは、自給自足の生活をしたい、もっと自然な生活に戻りたい、という衝動を感じています。大都会のコンクリートや喧騒を離れて、また都会に創出されるありとあらゆる悲惨な状況をあとにして、母なる大地にもっと近いところに行き、母なる大地と調和のとれた生活をしたいという強い衝動を感じています。私たちのメッセージはこうです。――スピリットや自分自身の資源に依存して、政府や大企業に依存することをやめ、生活を一見「向上させるために」いろいろな機械を買うことをやめる人たちこそが、これからやって来る変化の時代の勝利者になるでしょう。

愛する人たちよ、未来を怖れないでください。あなた方は光の時代を迎えつつあるのです。輝くような意識が支配する黄金時代です。そこに至る道の途中で多少の不快感を体験しなければならないとしても、それだけの価値があるのではないでしょうか。

我が愛しくも大切な人たちよ、あなた方は素晴らしい進歩を遂げつつあります。スピリチュアルな鎧（よろい）に身を固め、あなた方に差し出されている叡知と光を探究してください。あなたの使命に忠実である限り、失敗することはありません。あなたが一歩一歩進んでいく時、天国の天使たち、そしてスピリチュアルな世界のすべてがあなたと一緒にいます。私はアーキエンジェル・マイケルです。

第42章　来たるべき黄金時代に向けて前進せよ！

愛する光のマスターたちよ、私の言葉があなた方のハートセンターで共鳴し、あなた方の全存在を通じて愛と希望の波動を送り出す時、その言葉の真実性を感じてください。私はあなた方の一人ひとりに向かって語りかけています。私の言葉を深く受け止めてください。これから訪れようとしている時代が極めて重要であるがゆえに、あなた方は膨大な量の相反する感情を体験することになるであろうがゆえに、あなたの個人的な現実だけでなく世界中で様々な出来事が旋風のように起こるであろうがゆえに、私の言葉に注意して欲しいのです。高次元の世界から見ると、宇宙の出来事はすべて適切な時間の枠組みの中で起こっているということを保証するために、私はここにいます。そしてまた、私たちは人類のスピリットが活発になりつつあることを喜んでいます。

今という時は、気弱になってスピリットの力を落とすべき時ではありません。目的への献身を確認し、使命を再び我が物として確言して、明確さと焦点をはっきりとすべき時です。愛する人たちよ、明確な行動と、明確な思い、そして明確な心、それがいま求められています。このことを強く言っておきたいと思います。今という時にあってこれは極めて重要であることを思い出してください。なぜなら、あなた方は新しい現実の次元に向かってロケットを発射するための準備をしているところなのですから。

私たちの忠告ですが、これまで以上に何を思うかについて注意を払い、感情をコントロールすることが大切です。人生においてあなたが作動させる様々な出来事や、周囲の人たちにどのような影響を与えているかということを注意深くモニターしてください。優柔不断、疑心、怖れ、ネガティブな思いはあなたを制限し、昔ながらの現実に閉じ込めてしまいます。今という時にあって、あなた方の多くはどういう行動をとったらよいか、確信が持てないでいます。行くべき道が明確にされておらず、間違いを犯すかもしれないことを怖れ、ためらっています。勇敢な戦士たちよ、私が保証します。あなた方がしなければならないことは、心を内面に向けて、自分の感情に注意を払い、直感に優しく道を指し示してもらう、それだけでよいのです。これまでと同じように真実から逸れてしまうかもしれない、騙されるかもしれないなどと心配する必要はありません。せっかくここまでたどり着いて、勝利は目前というところで、あなた方が路傍で倒れ込むのを私たちが許すはずはありません。あなた方がこの旅の目的地に到着するまで、私たちは見守っています。あなた方は、それぞれのソウルセルフ*(→巻末用語)と再びつながっただけではなく、それぞれに特別に配置された愛情に満ちた、たくさんのアシスタントに囲まれています。あなた方は献身的に正しい行動をとってきたことによって、天使界の援助を勝ち取ったのです。したがって、これからはあなた方個人のガイドや指導霊だけでなく、天使界の存在たちと一緒に旅をすることになります。

今、この瞬間に、きょうという日が肉体を持った存在としての最後の日であるかのように生きはじめてください。三次元の世界の古い荷物をすべて捨て去るのです。持ち物であれ、人間関係であれ、古い考えであれ、それをすべて解放して、今、あなた方の地球に大量に注がれている、精妙で拡大されたエネルギーや進化した叡知を受け入れる、清潔で明確なチャンネルとなってください。

あなたのまわりの世界とやすらかな関係を築いてください。ゆるしを求め、あなたの前進を引きとどめている問題が少しでも残っていれば、それをすべて調和のとれたものにして、バランスをとってください。すべての人にとって最善でない活動や任務に参加することはやめることです。あなたが最高の目的にコミットするや否や、あなたは驚くかもしれませんが、たくさんの人たちが、そして数多くの課題や問題が、あっという間にあなたの前から姿を消していくでしょう。あるいは、あなたが歩いている道とは別な道へとそれていくでしょう。

静かな観察者となり、一般的なモードになっている無意味な会話の非参加者になってください。叡知と識別の心を持って語ってください。そうすれば、あなたが語る言葉は意味と影響力を持つこととなり、まわりの人たちはあなたの言葉に耳を傾け、注意を払うでしょう。すべては完璧であり、すべてはあるべき形で進行していることをしっかりと理解して、水が静かに流れていくように毎日を過ごしてください。あなたのソウルセルフが持つ静けさを探求し、あなたの愛すべき「ありてある我れ」を通してやって来る創造主の愛以外には、いかなるものもあなたに触れることはできないことを知ってください。

あなた方の中には、現在解決されつつある問題の影響をいまだに感じている人もいます。愛するマスターたちよ、鎧を持ってきてください。愛とやすらぎのオーラという鎧を身につけ、一つひとつの問題の解決の時が迫っていることを知ってください。手放して放棄することを求められるでしょうが、それはすべてあなたにとって最善ではないものであり、手放したものの代わりに計り知れないほどに大切な贈り物がやって来るでしょう。それが人間関係であっても、所有物であっても、一時的な病であっても、何らかの不快感であっても、問題ではありません。愛する人たちよ、あなたの新しい意識と合わないものは解き放ってください。マスターであるあなたは、昔ながらの子どもじみたやり方を解放し、叡知と同情の外套を身につけるのです。

今という時は、肉体という乗り物とその環境を洗練し、研ぎ澄まし、完璧なものにする時です。そしてまた、あなたの感情体と精神体の内部のスピリチュアルな意識を強化して、新しい自分を体験しはじめる時です。すなわち、あなたが今なりつつある、力に満ち溢れ、かつ光に目覚めたスピリットカインド（スピリチュアルな仲間）になる時です。

また、あなたは、エネルギーに満ち溢れ、脈打つ波動を持ったエネルギーの源であるということを実感しはじめることが極めて重要です。毎日、昼も夜も、瞬間瞬間の中で、感情的な思いや精神的な思いを放射する時、まわりの人びとやあなたを取り巻く世界に影響を与えるだけでなく、何よりもあなた自身に大きな影響を与えていると知ることが大切です。そういうわけですから、愛する人たちよ、あなた方の思考過程や言動に注意してください。中庸を実践してください。バランスをとり、誰をも裁かない生き方をしてください。あたかもあなたの生命がその一事にかかっているかのように、そうするのです。なぜなら、あなたの生命は実際、そのことにかかっているのですから。偏狭な信念・裁きの思い・怖れ・ネガティブなあり方の剣(つるぎ)と茨(いばら)は、敏速にして確実に目標を打ち据え、究極的には巡りめぐって、それを発したあなたを打ち据えるのです。

昼も夜も、キリスト意識のホワイトゴールドの光で自分自身を包み込んでください。それは何ものにも負けることのない磁力を持った外套であり、これによって、いかなる源から発するものであれ、寸毫のネガティブなエネルギーもあなたの磁場に入ってバランスを崩し調和を乱すことはできなくなります。

きらきらと輝く、大胆な青い一条の光が、クラウンチャクラ*（→巻末用語）を貫いてあなたの身体に入ってくるのを感じてください。その光はあなたの全身を満たし、やがて下降して母なる大地の中心部へと向かっていきます。これは私からあなたへの贈り物です。「正しい意志・目的・真実・勇気の剣」です。この剣の柄(え)はあなたのハートセンターに固定され、女神の愛と叡知のエネルギーを放射します。

再び無知と制限と限界の世界を征服したことをしっかりと胸に受け止めて、毎日、前進してください。一日一日が、幻想のヴェールが取り除かれてすべてが明確に見える、長いあいだ待ち望んだ瞬間へとあなたを近づけてくれることを確信して突き進んでください。あの膨大な愛のエネルギーの根源である「ありてある我れ」の存在を、あなたは喜びをもって思い出すでしょう。その存在との一体感を体験し、その存在に統合されていると感じるでしょう。それは、あなたも一つの構成部分であるところの存在です。あなたは、あなたの独自性においてのみ分離した別なものでありつづけるでしょう。あなたの独自性は全体への贈り物としてあなたがもたらすものであり、ずっと昔にそれを体験するためにあなたが派遣されたところのものです。あなたの個性が失われるかもしれないと怖れる必要はありません、なぜなら、あなたの個性こそ、それを発見するようにとあなたが派遣された宝物なのですから。他の人と比較して自分を裁いたりしないように、いかなる基準によっても自分を比較しないようにと私たちが諫(いさ)める理由はここにあります。あなたという存在はただ一人しかいません。あなたは独自な存在であり、創造物全体にとって不可欠の存在です。私たちがあなたを大切に思う理由はここにあります。

このようなわけですから、愛する人たちよ、大いなる変化と変遷に満ちたこの年を前進していくにあたって、遭遇する挑戦や機会の一つひとつに真っ向から、全身全霊を込めて立ち向かってください。第四コーナーを回ってゴールを目指していることを知ってください。古い世界をあとにして、制限し剥奪するだけの規則をあとにするあなたは、二度と再びこの道を歩く必要はないということを確信して進んでください。来たるべき黄金時代は単なる願望ではありません。単なる夢ではありません。今まさに顕現しようとしている現実です。

夢の中で、私たちの励ましの言葉を聞いてください。私たちの愛情に満ちたサポートがあなたの血管を流れているのを感じてください。静かな時に、私たちの囁きに耳を傾けてください。なぜなら、私たちはあなた方に呼びかけているのですから。

祝福された者たちよ、心やすらかに、元気よく前進してください。あなたの時が近づいています。私、アーキエンジェル・マイケルは常にあなたのそばにいてあなたを導き、あなたを守り、あなたを励まし、あなたが挫（くじ）けないようにサポートします。創造主と創造物のすべての愛が、あなたとともにあります。それは確固たる事実です。

第43章 いま始まる壮大な覚醒のドラマ

愛する光のマスターたちよ、日ごとに高まる興奮、日ごとに増大する予感を感じていますか。二、三年前まで非常に大切に思えていたこと、あなたの関心の中心であったことが、もはや何の意味もないように感じていますか。世間から引きこもってしまって、孤立したような感じを体験していますか。毎日やらなければならないこまごまとした雑用に集中できず、会話に注意を払うことができないというような体験をしていますか。あなた方の現実はいま移行している最中で、現実のある種の歪曲を体験しているのです。そしてまた、あなた方がアクセスを開始した高次元周波数のエネルギーに適応していく過程で、ある種の不快感を体験しているのです。

あなた方の多くは、非常な苦しみの原因だった外的な創造物の多くを統合しバランスをとれるようになりました。自分でつくった創造物のことです。あなた方の人間関係はこれまでよりも愛情に満ちたものになり、意義深いものとなっています。自分にも豊かになる権利がある、快適な日常生活を営むのに必要な物質的な形をとってエネルギーが顕現してしかるべきだと、あなた方は信じはじめています。創造性はますます快調で新しい次元に飛躍しており、健康状態も改善されている。それなのに、怖れ、喪失感、怒り、孤独感、焦燥感といった乱れた感情が、心の奥深くから沸きあがってくるのはなぜだろうと、あなたは言うかもしれません。

イニシエーションの過程を通ってアセンションの高遠な螺旋(らせん)状の道を登っていくと、高くなればなるほど、エネルギーは精妙なものとなり、試練やバランスの欠如はより微妙なものとなってゆきます。あなたは愛とやすらぎと調和の思考形態を宇宙に向けて送り出しましたが、それが今、あなたの周囲に顕現しているのです。ところが、あなたの身体の中には不完全な記憶の細胞が残っていて、それらの細胞が、あなたが今アクセス中の神聖な光によって揺るがされてばらばらになっているのです。この神聖な光はあなたの肉体、精神体、感情体に浸透しています。これらの記憶の細胞は自由に漂っていて、完全に解放してあげないと、あなたの最も脆弱(ぜいじゃく)な場所に入り込むことになります。たとえば、太陽神経叢（ハートチャクラ）*(↓巻末用語)に入り込めば、不安をかきたてて昔ながらの感情的な反応をつくり出します。下部のチャクラに入り込めば、生存競争と怖れという本能的な記憶や、男性エネルギーと女性エネルギーの両極性の不均衡、自分は不十分な存在であるという感覚、統合したと思っていた力や感受性に対する不信などが活性化されることになります。

あなた方の多くは身体の様々な部分に苦痛を感じていて、いろいろな身体器官に痛みや不快感という症状さえ現われています。しかし、お医者さんに診てもらっても別に異常はないと言われます。愛する人たちよ、これはそれほど驚きに値することでしょうか。あなた方の逆症療法（治療中の疾患と異なった症状を起こさせる薬剤を用いてその症状を治療する方法）的な診断の道具では、あなた方のどこが悪いのかモニターすることもできなければ、記録することもできません。しかし、本当の理由を探しはじめる前段階として、心の安寧を得るために身体の病気という可能性を除去するのはよいことです。

我が愛する友よ、あなた方は突然変異を遂げている最中なのです。あなた方は強烈な変化の真只中にあり、しかもものすごいスピードでそれが起こっています。長年の間、あなた方のエーテル体に刻印されてきた不均衡な状態がいま調整されているところです。あなた方を幽閉し、持てる能力のほんのわずかでしか機能することを許してこなかった移植された組織片や埋め込まれた記号を、除去ないしは組みなおしをしているところです。したがって、移行期間である今という時にあっては、少し調子が外れているような感じを体験するのは当然です。外的な世界に顕現した三次元と四次元の目くるめくような幻想の多くを、あなた方は手放してきました。しかし、あなた方がまだ実感していないかもしれないのは、それはあなたの内的な世界、つまり最も具体的な例としては、あなたの肉体にも影響を与えるということです。

この事実をあなた方に自覚してもらいたいと私たちが思う理由は、第一に、あなた方を安心させるためであり、第二に、内的な統合というこの時期を、あなた方ができるだけ速く、しかもできるだけ簡単に通過することができるお手伝いをするためです。身体の言うことに耳を傾け、自分という存在のあらゆる側面をモニターすることが今ほど大切であったことはありません。あなた方は、目に見えない世界の存在とコミュニケーションを図ることは可能であるということをやっと実感するところまで来ましたが、自分自身の身体とコミュニケーションをする能力が自分にあることをまだ信じていません。感情と直感を通じて、身体という自分に耳を傾け、身体の様々な器官や部分と友達になって会話を始めてみてください。そうすることで何を学ぶことができるかを知って、あなたは驚くはずです。あなたの身体は大喜びで反応し、存在を一八〇度転換するような情報を意識にもたらしてくれるでしょう。

あなた方は高次元の周波数の中に入ったり出たりしていますが、この新しい意識ないしは現実についてはまだ居心地の悪い思いを体験しています。愛する人たちよ、あなた方は次元上昇している最中なのです。そのプロセスの真只中にいるのです。あなた方のほとんどは、三次元はすでにあとにして、四次元的な現実の表われの多くをすでに通過しました。一種の霞ないしはほとんど夢のような状態を通してこれらの下層の現実を見るという、有利な状況にいます。この状況では下層現実を自覚はしていますが、それによって影響されたり、意識が衝撃を受けるということはありません。あなたは高次元の周波数の中に入っていますが、まだそれに適応しておらず、いま体験していることの真実性というものを本当の意味では把握できないでいます。これは当然、予期されるべきことです。というのは、このプロセスには明確な区分ないしは分岐点というものはなく、ゆったりとした移行であり、複数の次元が相互に侵入し合うというプロセスであるからです。

あなたのエゴもまた、ハイアーセルフ*（↓巻末用語）の召使いとしての新しい役割に適応しつつあるところであり、何の戦いもせずにあなたへの支配権を手放すことはありません。これまでのエゴは、価値のある存在になるためには富を持たなければならないし、権力を獲得し、美しくなければならないとあなたの耳もとで囁いていました。あなた自身の外に愛を求めなければならない、あなた自身の外に存在の正当性を見つけなければならないと囁いてきました。そのエゴが、今、新しい会話を始めました。自分は価値のある存在であり、神聖な存在であり、創造主の祝福された分身であるということを受け入れはじめているあなたに、エゴはこう囁いてきます。――「何があなたをそんなに偉大な存在にしてくれるの？　あなたみたいな取るに足りない存在が、一体どうして素晴らしいキリスト意識の持ち主だと言えるのですか？　あなたが天界を代表する存在ですって、マスターですって！　次元上昇する価値がある存在だなどと考える根拠はどこにあるの？」。あなたの意識の中での中心的な場所を奪い返そうとして、エゴは囁きつづけます。

あなたの可哀いそうなエゴを責めないでください。魂によって力を与えられた新しいあなたという存在の中に、自分の適切な場所を見つけようとしているだけなのですから。私たちの愛する兄弟であるイエスが、自分の使命の達成とアセンションに向けての準備をするために、誰もいない砂漠の真只中で日夜を過ごしましたが、その時にイエスが言った言葉を述べて、エゴの囁きやネガティブな思いを優しく退けてください。イエスはこう言ったのです。「悪魔よ、下がりなさい！」。ここでいう悪魔とは、実際には彼のエゴでした。なぜなら、ネガティブな考えがあなたの心に入ることができるのは、エゴを通じてしかできないからです。この重要な移行のプロセスを通過するにあたって、数あるあなたの分身をすべて愛し、育み、尊重してください。

愛する人たちよ、目下のところは重要な決定は下さないようにした方がよいでしょう。あなた方はいま進行中の強烈なイニシエーションを体験する中で、いうなれば「ホールディングパターン」（航空機が着陸または発進の許可を待つ間にとる、特定の飛行経路）の中にいるのです。あなた方の多くは、どこに行けばよいのだろう、何をすればよいのだろうという疑問を持っています。まもなく、分かる時が来ます。そうすれば、問いを発する必要もなく、疑問を抱く必要もなくなります。自分が何をすればよいのか、明確に分かる時が来ます。未来のヴィジョンがあなた方それぞれに明らかにされる中で、居場所を変えるべきかどうかも分かります。これからの数カ月を、注意を喚起している状況や問題を解決することに費やしてください。実際のところ、今あなた方が体験しているのは極めて内的なプロセスであり、隠遁と内省の時間なのです。あなた方の多くはグループの中で人と交流することから身を引き、一人でいる必要を感じています。このような衝動を尊重してください。なぜなら、それは適切な衝動だからです。あなた方が体験しているアセンションは、集団的な出来事ですが、同時に極めて私的で個人的な出来事でもあるのです。

あなたとまったく同じ歴史を持っている人は存在しません。あなたの目前に横たわる運命と同じ運命を持っている人は存在しません。ですから、あなたの使命をあなたに代わって遂行することができる人は存在しません。あなたはユニークな被創造物であり、一人しか存在しないのです。

愛する人たちよ、心が送ってくれる合図に従いなさい。これまでにはなかった最高の誠実さをもって、ソウルセルフの声に耳を傾けてください。宇宙のテレパシーの電波にアクセスして、送られてくる不可思議な情報を手に入れてください。来たるべき黄金時代に関連した、宇宙の古代の叡知と知識が、宇宙とあなた方の銀河系の最も高き場所より徐々に降りはじめています。それはあなた方の太陽系と地球を貫き、浸透しており、これらの神聖な周波数と暗号にアクセスできる人たちは、いちばん最初にその恩恵を受ける人となるでしょう。

それほどの進歩を自分は達成していないと思うならば、ほんの数年前にあなたがどんな人間だったか、どのような場所にいたかを振り返ってみてください。そうすれば、あなたがすでに驚くべき変容を遂げていることが分かるはずです。しかし、これはほんの始まりにすぎません。今のあなたは、未来においてあなたがなるであろう美しくも輝かしい存在の影のようなものにすぎません。私たちにはこれが分かるのです。なぜなら、私たちはあなたの未来を垣間見たからです。

毎日毎日、ますます多くの美しい魂が眠りから目を覚ましてゆくでしょう。先兵であり、道案内人であるあなた方は道を切り拓き、多くの障害物を取り除いてきました。そのあなた方の前に、なすべき仕事がまごうことなく横たえられています。あなた方の兄弟姉妹は、ガイダンス、育成、ヒーリング、そして具体的な指示を必要とするようになります。彼らは、あなた方が信頼と希望を糧にして歩んだ、地図のない道を歩く必要はありません。なぜなら、あなた方が聖なる光を錨（いかり）になって固定し、真実をチャネルし、それによってそれぞれの魂のヴィジョンを拡大し、宇宙に不可欠な部分としての人類の役割についての自覚をもたらしてくれたからです。

地球のエーテル体と人類の潜在意識には、興奮が渦巻き、希望が沸き起こっています。それは当然のことです。なぜなら、壮大な覚醒のドラマが開始されたのですから。私たちはあなた方の進歩を大いなる喜びと期待をもって見守っています。なぜなら、地球がそもそも創造された目的である素晴らしい実験が、あなた方はそれにボランティアとして参加したわけですが、この実験が失敗に終わることはないということが明確になったからです。愛する人たちよ、あなた方は大成功を収めつつあります。あなた方の使命は完遂に向かって突き進んでいます。あなた方を、「神・女神・創造主」と彼らの使者たちの魔法のように軽やかな愛と光の布に包んで、きょうはお別れしましょう。私はアーキエンジェル・マイケルです。

第44章　三位一体の力

愛する光のマスターたちよ、もう一つの壮大な出来事がたったいま完了し、進化とアセンションの英雄譚(たん)ともいうべき物語においてもう一つの一里塚が達成されました。あなた方の多くは、この宇宙、とくにあなた方の地球で毎日毎日、時々刻々進行している、まことに大いなる、そして遠大な変化を自覚していません。過去においては数多くの誤解がなされ間違った解釈がなされてきましたが、あなた方は三位一体という概念はよく知っているはずです。この変容のプロセスの先頭を切っているあなた方は、この三位一体という概念を数多くのレベルで体験しているところです。あなた方は身体と心とスピリットを融合しています。個性と魂・ハイアーセルフとオーバーソウル*(↓巻末用語)をあなたの「ありてある我れ」と融合させています。また、あなた方が持っている男性的な側面と女性的な側面と両性的な側面を融合させています。そして、三次元と四次元と五次元の間に融合が起こっています。高次のより精妙な周波数が低次元のそれを支配して、融合し、調和し、上昇させることによって、これらの次元は一緒になりつつあります。最も重要なこととしては、あなた方は「神・女神・創造主」の神聖な本質にアクセスして、その全能のエネルギーを地球に固定しているということがあります。

ハーモニック・コンヴァージェンス*(↓巻末用語)、イレヴン＝イレヴン*(↓巻末用語)、トゥエルヴ＝トゥエルヴのアセンションを始動させる催しなど重要な出来事が数多くありました。それほど大規模ではありませんでしたが、スターゲイト（星の門）の開口・調律・ヴォルテックス＊（↓巻末用語）の浄化などの出来事もありました。これらの場合と同じように、一九九五年五月十二日から十五日にわたって世界中で行われたウエサックの祭りもまた、極めて重要な出来事でした。あなた方がこの催しに実際に身体を運んで参加したか、あるいは意識的に参加したかどうかは問題ではありません。これはあなた方一人ひとりに、深遠にして永続的な影響を及ぼすことになるでしょう。あなた方の母なる地球の内部とその表面で、そしてまたあなた方一人ひとりの内部で、周波数が変化してさらなる前進が達成されたのです。アストラルの下部の局面がさらに浄化されて封印され、高次元間のヴェールがさらに引き上げられ、アストラル＊（↓巻末用語）界の上部の局面（これは時には七番目の空とも呼ばれるものです）の精妙なエネルギーがあなた方にとって入手可能となったのです。

　あなた方の中で、注入された高次元の周波数を吸収することができた人たちは、それによって大いなる恩恵を受けることになるでしょう。ただし、それらの新しいエネルギーを完全に統合して、物質世界に顕現するにはある程度の時間が必要になります。様々な催しに参加した多くの人たちは、魂が揺さぶられるような大きな出来事は起こらなかったと感じているかもしれません。しかし、安心してください。地球にとっても、あなた方にとっても、大いなる癒しとアセンションに向けての始動が促進されたのです。地球のそれぞれの地域において、また一人ひとりの人間において、多かれ少なかれ、前進ないしは上昇のシフトが達成されたのです。その地域および人間が、キリストの光、つまり創造主の純粋な本質をどれだけ吸収することができるか、それぞれの能力に応じて上昇のシフトが達成されました。

あなた方の多くは、「次元上昇したマスターの新人」と私たちが呼ぶことにしたカテゴリーに足を踏み入れました。肉体に入った状態で数多くの人たちが目に見えない世界に引き上げられるという現象は起こりませんでした。しかし、肉体を持った存在の内部において、素晴らしいスピリットの集団的な上昇が起こりました。彼らは、先ほど言及した三位一体の自分の側面の調和をとって統合し、多くの美しい魂を物質的な重々しい現実の罠(わな)にかけて縛りつけている幻想の束縛を解き放つことによって、その準備をしたのです。数多くの勇敢で献身的な魂がアセンションの輝かしい内なるドアに足を踏み入れ、他の人たちがあとに続くことができるように道を切り拓いています。さらに、大衆意識のエネルギーが高まり、魂の目覚めが早まっています。そういう状況の中で、「百番目のマスター」ともいうべき効果が起こっているのです。

あなた方の多くは、何か奇跡的な手段によって逃亡したい、といまだに願っています。なかには、予言されてきた地球の大変動が起こることを密かに願っている人もいます。そうすれば、救出されて「光の船」に光線で運び上げられ、実際にアセンションの活動に参加する必要もなく、責任を取る必要もないというわけです。あるいは、何の訓練も受けずに顕現の贈り物がすべて欲しい、マスターになりたいと思っています。自分自身のバランスと調和をはかるのに必要な、つまり自分自身を無害な状態にするのに必要な、愛情をもって犠牲になるという努力をせずにそういう贈り物を手に入れたいと願っています。仮に、地球上のすべての人がネガティブなエネルギーの放射をやめて、わずか一パーセントでもプラスのエネルギーを放射すれば、あなた方の地球はバランスを回復し、天国となることでしょう。

顕現の力が欲しいというあなた方の願望は、核爆弾のスイッチを幼児に持たせるようなものだと言った、愛すべき魂がいます。私たちはこのような状況を二度と許すことはないでしょう。地球とその住民が完全に破滅する寸前だったということを、あなた方は実感していません。貪欲と怖れと自己利益を基準にして行動している人びとが、地球の進化の運命を決定することはもはや許されません。権力は、三次元的な考え方に基づいて行動している人びとから取り上げられ、新しいスピリチュアルな指導層の手へと委ねられつつあります。スピリチュアルな指導層とは、登場しつつある次元上昇したマスターたちであり、来たるべき時代を担うべく進化の真只中にある指導者であり、神聖なスピリットに波長が合っている人びとであり、彼らの先生と自らの「ありてある我れ」の叡知と同情の思いを融合した人びとであり、来たるべき壮大なニューエイジの神聖な計画を垣間見ることができた人たちです。

マスターの仲間入りをしたことにともなって様々な素晴らしい贈り物がやって来ますが、同時に大いなる責任もやって来ます。あなた方にはその重荷に耐えるだけの覚悟が必要です（むろん、私たちは道を歩きやすくして、あなた方の重荷を軽くしてあげますが）。あなた方の地球は目もくらむような速さで進化を遂げています。この進化に適応しなければ、脱落することになります。地球における現実と周波数の間に横たわる亀裂は日ごとに広まっています。あなた方の多くは、三次元世界での活動を夢のような状態から見ています。三次元の現実はあなたに何の衝撃を与えることもなく、あなたはその幻想を明確に見破ることができます。これは、あなたがますますライトボディーにアクセスし、壮麗なる「ありてある我れ」を統合していく中で、さらに継続し、最終的にはこの世界をまったく新しい目で見るようになるでしょう。

愛する人たちよ、他の人を基準にしたり、他の基準を使って自分を裁いてはいけません。内なる知識と直感だけを使ってください。あなた方の一人ひとりには、この壮大なアセンションのダンスにおいて演じることになっている役割があります。人類の多くが目覚めはじめて、魂とスピリットが発する神聖なる不満の意志表示に応じるようになった時、あなた方の多くは入門レベルの先生となるでしょう。なかには、さなぎが蝶に変容するように、肉体が変貌を遂げて光の神聖な乗り物になっていく時の不快感やトラウマを和らげてあげることを、自分の使命であると知る人も出てくるでしょう。多くの人たちが新しい世界政府の設立に参加し、未来の新しい共同体をデザインし、新しく生まれつつある壮麗な魂の先生となるでしょう。これらの壮麗な魂の中には、いま思春期に達している人たちもいます。しかし、何にもましてはるかに大切なことは、瞬間瞬間にスピリットに波長を合わせつづけ、あなた自身の青写真と完璧な調和をとりながら歩き、行動し、どこにいても、何をしていても、あらゆる瞬間に愛と喜びを創造することです。これができると、顕現の魔法のような力があなたの上に全開したシャワーのように注がれることでしょう。

あなた方の中でマスターとの精妙なパートナーシップに足を踏み入れた人たちは、自分が誰であるかを知っています。しかしながら、次元上昇したマスターとして、自分の意図を明かすことなく沈黙を守ってください。あなたは静かに歩き、静かに話し、静謐（せいひつ）と権威と力のオーラを漂わせるだけで十分です。喜びの中で来たるべきものを待ち、どのような任務を与えられても、大いなる情熱をもってそれを遂行してください。

愛する人たちよ、喜びを表現すべき時です。あなた方の多くは真面目に考えすぎています。創造主は、笑いや喜びや臨機応変なあり方が大好きです。喜びこそ、今という時代のキーワードです。思い出してください。「喜びの中で来たるべきものを待つ」「楽しい」「愛情がいっぱいの人との交流」「無邪気な知覚」「地上にもう一度天国を築くことに完璧にコミットする」「平和で愛情に満ちた共存を目指す新しい考え方の創造」「調和と豊かさが実現されるような共存」、これが今という時代のキーワードです。

正しさの証明をあなた自身の外側に求める必要性を解放しなさい。それは古いやり方です。これまでは、あなたの現実が人間関係や出来事や教訓という鏡によって映し出されました。このモードは解放してあげてください。時代遅れになりつつあります。あなた自身の内面へと向かい、あなたの美しいソウルセルフやキリスト意識のハイアーセルフにアクセスしてください。あなた方の中には、「ありてある我れ」が意識の一部になりつつある人もいます。直感を使い、より広大な我れを通じてあなた自身の真実を発見するのです。あなたの先生であるマスターの方々とテレパシーで交流することによって、真実を発見してください。準備を完了して贈り物を受け取る気持ちがある人びとは、素晴らしい銀河系の存在や宇宙存在とコンタクトすることができます。通過不可能な輪*(→巻末用語)（地球の周囲にはりめぐらされていたバリアー）は外されました。何千年もの間、あなた方から退けられてきた叡知や力を、今、入手することができます。愛する人たちよ、思考と心を果てしなく拡大し、魂の飛翔(ひしょう)に許可を与えてください。そして、想像力を最大限に使って最も完璧な世界を夢見てください。しかし、あなた方に想像し得る世界は、いま高次元の世界に形成されつつあり、まもなく地球に降りてくる光り輝く現実に比べれば影のようなものに過ぎません。私はアーキエンジェル・マイケルです。

第45章　劇的進化への一歩

愛する光のマスターたちよ、今という時に、これまでに起こった事柄を一緒に検証してみましょう。天候は極端に揺れ動き、予測不可能で不規則そのものでしたが、あなた方の地球の振動や地震はある程度おさまってきました。天候のパターンは、人類によって解き放たれつつある渦をなす感情のエネルギーが症状となって表われているもので（したがって、地域によってはそれが極めてドラマチックに表われています）、これは感情のエネルギーが気流に乗って上昇し、地球の成層圏で拡大されているのです。世界中の政府は一般大衆に対する支配を再び確立しようとして慌ただしく奔走していますが、人びとの不満はさらに募り、混乱状態がつくり出されています。

三次元的な表現にいまだに捕らえられている人びとは、これまでと同じことをやっているのに、どうして喜びや満足感を得ることができないのだろうと不思議に思っています。職場には不安が漂い、仕事はあってもいつ失業するか予測はつかず、絶望感が漂っています。物を獲得することによって得られる喜び、権力闘争に勝った満足感、かつては優越感を感じさせてくれたものがもはやそうではなくなってしまいました。あらゆるレベルでの決まりや規則が試練にさらされ、その正当性を問われ、改善の要求がなされています。家族は混乱状態に陥り、かつて家族が持っていたまとまりや安全機能、世代を超えた連帯感をどうすれば取り戻すことができるのか分からずに途方に暮れています。

このような体験をしている愛すべき人たちは、目の前で姿を消しつつある昔ながらの幻想に必死にしがみついている人たちです。彼らの世界、つまり彼らが知覚しているものはすべて、日に日に悪化しているように見えます。そういう中で、まだ所有しているわずかなものに必死になってしがみつき、何とか秩序を保ちバランスをとろうとしています。それに対して、スピリットの導きのままに行動し、肉体という乗り物が新しい周波数と調和がとれるように勤勉に取り組んできた人たちは、自分の世界の中にこれまでになかったような甘美さややすらぎを見出しています。確かに、今でも試練はあるかもしれませんが、非常に高まった自覚があり、不協和音を発する出来事が生じても、最低限の不快感と努力で敏速に対応し解決することができます。

前にも言いましたが、存在局面を分け隔てる境界線がますます広くなりつつあり、地球上を闊歩する光の存在が体験している現実と、まだ目覚めていない一般大衆が体験している現実との間に、明確な境界線が生まれつつあります。はっきりと分離しつつあるといってもいいでしょう。あなたと隣人はわずか十メートル離れて住んでいるかもしれませんが、体験という点からするとまったく異なった二つの世界に住んでいるかもしれません。

浄化とイニシエーションを体験してきたあなた方の多くは、(囁きや衝動ないしはチャネラーを通じてもたらされた情報によって）、隠遁生活をやめて姿を現わすべき時であるというメッセージを受け取っているはずです。あなたの神聖にして安全な場所を出る時である、というメッセージです。愛するマスターたちよ、それが次のステップです。あなた方にはいま何が起こっているかが明確に見えています。世界で起きつつあることの微妙なニュアンスが分かっています。一般大衆が信じ込まされている様々な誤謬（ごびゅう）や歪曲された真実の正体を、あなた方は煙幕を通して見破ることができます。別な言い方をすれば、あなた方は三次元の世界を支配している人びとによって影響されることはなく、彼らによって支配されていません。

あなた方は今や高次元の当局によって安全を保証され、高次元の支配下にあります。これからのあなた方は、スピリチュアルな天界の組織、「惑星のロゴス」*（↓巻末用語）、「サナト・クマラ」*（↓巻末用語）、そしてさらにその彼方の存在の導きによって行動していくことになります。権威の外套を身にまとう覚悟ができている人たちは、現在訓練を受けている最中で、一般大衆の前に姿を現わす準備をしているところです。これまで何カ月もの間、浄化が行われ、様々な試練が与えられてきた理由はここにあります。つまり、目覚めつつある人類がかけてくるであろう圧力の波に、耐えるだけの強さがあるかどうかを見るためであったのです。

発見したばかりの新しい真実と洞察を分かち合いたくてたまらない人たちの中には、自分がその象徴的な存在となって分かち合いたいと思っているものが、何の抵抗もなく、敵意に遭遇することもなく、熱心に受け入れてもらえるであろうと素朴にも信じている人がいます。多くの場合、確かにその通りでしょう。しかし、憎しみ、怖れ、裁き、抵抗、迫害に対する覚悟もしていなければならない、と言っておきたいと思います。しかし、あなたの力の中心部にしっかりと立ち、あなたの神聖な存在に守られて、あなたに向けて吐き出されるであろうネガティブなエネルギーに巻き込まれない限り、あなたは勝利者となり、何ら影響を受けることはないでしょう。愛する人たちよ、これこそはあなたと低い周波数の間に横たわる深淵の最たる例の一つとなるでしょう。あなたが共鳴しないものによって影響を受けることはないのです。

新しい意識の道案内人として、あるいは教師として、一歩踏み出す準備ができていると感じていない人たちも、このメッセージに注目して、恩恵を受けることができるはずです。毎日、直面する些細な争いをどのように処理するか、監視してみてください。その状況がどんなに不満足なもので絶望的であっても、態度をシフトさえすれば改善することは可能であり、誠実で素晴らしいあなたのガイドや先生に助けを求めれば良い方向に持っていくことはできるのです。

あなた方の世界が次のオクターブに向かって螺旋(らせん)状に上昇していく中で、あなた方が理解しているところの時間はますます加速されています。あなた方は安定感を失いつつありますが、これは部分的には時間の加速が原因です。人類の進化もまた加速しているところであり、したがって、あなた方はもはや今の身体の中にあっては居心地は悪く、自分の身体が理解できないでいます。身体がどのように機能するのか、異なった状況や刺激に対してどのように反応するのか分からないでいます。これまで気づくことさえなかったような物質に対して敏感になっていて、これまで感じたこともないような感覚的な体験をしています。何度も言ってきたことですが、あなた方は突然変異の最中なのです。

ここで小さな者たちの話をすることにしましょう。大切な子どもたちのことです。最近、多くの人たちが、とくに子どもを持つお父さんお母さん、そしておじいちゃん、おばあちゃん、先生をしている人たちが、世界の子どもたちについて心配しています。何かが間違っている、何かが非常におかしいことは分かっていますが、何が変わったのか、何が起きているのか、明確に識別することができずにいます。一九七〇年以降に生まれた子どもたちは、ユニークで、異なった存在です。特別な存在なのです。彼らの多くは新しい人類の母型であり、来るべきメルヴィアン人*(→巻末用語)のさきがけとなる存在であり、はるか彼方の文明からやって来た叡知あふれる進化した魂です。地球という惑星での壮大な実験に影響を与え参加するために、これらの美しい魂たちはやって来たのです。今、地球で新しい種まきが行われています。神聖な光が新たに注入されつつあります。昔からの道案内人であるあなた方が「聖なるありてある我れ」のエネルギーと叡知を地上にもたらし、錨(いかり)となって地上に固定しているだけでなく、これらの素晴らしい若い存在たちもまた新しい叡知と知識をもたらしているのです。その叡知と知識は現在のあなた方にとってはあまりにも先進的で奇妙なものであるために、理解することすら不可能なものです。

これを適切な展望において考えるために、二千年前の世界を創造してみてください。その時代の人を現代の社会に連れてきて、現代の世界を見せたならば、二千年前の意識を持ったその人にこの世界はどのようなものとして知覚されるでしょうか。これからの二十年に起こる変化はそれと同じくらいにドラマチックなものとなるでしょう。

今日の子どもたちにはこれまでとは違った規則や基準が必要です。これまでとは異なったやり方で世話をし、対処する必要があります。彼らはこれまでの子どもよりも感受性が強く、スピリットに近い存在です。次元間のヴェールは薄くなっており、あなた方のほとんどは何千年ものあいだ休眠状態にあった操作能力や技術を、彼らは携えてやって来ます。これらの能力はあなた方の場合は努力して完成させ磨いてきたものですが、彼らにとってはごく自然なもので、当たり前のものです。彼らの感受性や創造性、そしてスピリチュアルな自覚を窒息させないでください。両性具有の存在になることを教えてあげてください。彼らがそれを望むのであれば、それを許してあげてください。両性具有の存在とは、男性エネルギーと女性エネルギーのバランスが完全にとれている人のことです。これらの美しい存在の多くは、暖かく育まれ、魂の飛翔（ひしょう）の自由さえ与えられれば、両手が同じように使える存在となり、多面的な能力の持ち主となり、想像もつかないような才能を発揮することでしょう。生まれてくる赤ちゃんの多くは頭が少し大きく、わずかに長いことに気づくはずです。彼らの頭脳はレムリアやアトランティスの時代の子どもと同じように比較的大きなものです。これらの子どもにあっては、多くの場合、突然変異のプロセスが非常に先行しているのです。

あなた方の教育制度を完全に刷新し、構造改革を行うべき時です。あなた方の多くは長い間、抗議の声をあげ、これを提唱してきました。時間がなくなりつつあります。学校はもはや子どものためにはなっていません。学校はただ官僚主義を支持し、完全に崩壊した時代遅れのシステムをサポートするためにつくられているだけです。教壇に立って生命と真実の息吹きを教育システムに吹き込みたいと思っている、数多くの有資格のライトワーカーがいます。しかし、彼らはシステムに挑戦することを怖れて何もしないでいるか、あまりにも急進的で体制に順応しないという理由で受け入れられないでいるかのどちらかです。

我が愛する友よ、これもまた、まもなく変わるでしょう。

臆病に弱々しく振る舞っている時代ではありません。人の前に出て真実を語り、自分の立場を明らかにする時です。愛情を込めて主張し、スピリチュアルな真実に誠実に生き、積極的に関わるべき時です。あなた方は違いを生み出すことができます。愛と叡知の波を武器にして、無知と制限の潮流を一八〇度転換することが可能です。

存在の内部にスピリットの疼(うず)きを感じているあなた方すべてに要請したいと思います。始めてください。今いる場所で始めてください。あなた自身の試練を通して蓄積してきた知識と叡知を活用して、他の人たちに援助の手を差しのべてください。あなたの周囲で心に疼きを感じはじめている人たちのために道を踏みならし、毎日の生活の中で意識に小さな変化を生み出していく手伝いをしてあげてください。それがやがて、ダイナミックな規模の劇的な進化につながっていきます。あなた方の一人ひとりが、分かち合うべき何かを持っています。貢献する何かを持っています。今年は、自分の前に提示される問題や機会にどのように対処するかを試す実験室となるでしょう。一つひとつの障害物を取り除き、ハードルを飛び越えていく時、さらなる力が、さらなる叡知が、さらなる贈り物が、シャワーのようにあなたの上に降り注がれることでしょう。これがマスターの道です。三次元の様々な制限を克服しながら、一歩一歩前進し、階段を一段一段登り、一つの体験をするごとに洞察力を増し、すべてを我が物とするのです。

毎日毎日、一歩一歩、歩むごとに、勝利に近づいています。あなた方は違いをつくり出しています。第一に信頼することによって、第二に聖なる光を自らが錨(いかり)になって固定し、「神聖な計画」に身を委ねることによってです。共同創造のマスターとして蓄えてきた力と叡知を活用する時です。あなた方の多くは次元上昇したマスターたちのオーラに包まれており、これらの素晴らしい存在たちの肉体的な延長であり、代表者です。愛する人たちよ、愛情をもって識別し、あなたの力と能力を活用してください。同じ目的で結ばれた私たちは、手に手をとって、あなた方と一緒に目的の完遂に向かって行進していきます。私は、愛情に満ちた保護のオーラであなたを包みます。私はアーキエンジェル・マイケルです。

第46章　あなたは創造主の聖なる代表者

愛する光のマスターたちよ、よろしければ、あなた方の新しい技術と高次の知覚能力を微調整する手伝いをさせてください。あなた方が今なりつつあるマスターとして機能しはじめる時が来ました。通常の五感に加えて、内的な感覚も使いはじめる時です。意識的な心や身体器官の耳で聞こうとする代わりに、あなたが話す言葉、そしてあなたに向かって語られる言葉の響きを感じてください。他の人たちとの日常的な交流の背後にある意味を感じ取り、送り出されてくる波動の周波数に心を合わせてみてください。あなたは視覚障害であり、聴覚障害であると想定して、直感と超感覚的な知覚が前面に出てくるのを許してあげてください。誰かのオーリックフィールド*（→巻末用語）に足を踏み入れた時、活力を与えられますか、気持ちがいいですか。それとも、その場所を離れたくなりますか。あなたが持っているさりげない関係、親密な関係をすべて考えてみてください。あなたと波長が合うように思われる人たちが誰であるかを自覚し、一緒にいるとエネルギーがなくなってバランスが崩れるような体験をする人についてのあなたの気持ちを検証してみてください。波長が合わない人とあなた自身の間に、愛情のこもった光のバリアを置くことが必要かもしれません。その人との間のエネルギーのバランスをとって調和をはかる時にそうするのです。同時に、質を変えて調和のとれたものにしてもらうように、「ありてある我れ」のところにためらわずに不調和なエネルギーを送ってください。そうする時に、「すべての存在のために最高にして最善のことがなされますように」という、決意と依頼の言葉も送ってください。愛する人たちよ、意図が大切です。愛情に満ち、魂に焦点を合わせたところから来る意図は、必ず適切な解決へと導いてくれます。

高い次元の意識を持って旅するあなたが体験する一つひとつの出会い、一つひとつの出来事には、あなたへのメッセージがあります。それは非常に微妙なメッセージであるかもしれませんが、あなたのハイアーセルフが異なった状況やシナリオを提供し、あなたの古いパラダイムを評価することができるように、あるいは評価しなおすことができるようにしているのです。また、あなたの古い信念体系を見直して、もはや役に立たなくなっているものを取り除くことができるようにしています。より広い見地から物事を見るように、焦点の対象を拡大することが求められています。三次元の体験の「ささやかな物語症候群」、ないしは「可哀そうな私症候群」に心の焦点を合わせる代わりに、あなたの世界や人との関わりをパノラマで見る練習をしてください。

生きた瞑想となって、あなたのハイアーセルフないしは聖なる存在が送ってくる、衝動とガイダンスに常にダイヤルを合わせつづけてください。日常の仕事をする時に、この素晴らしくも限りなく広大な存在（それが本当のあなたです）が、あなたの肩にとまっていると想像してみてください。そのように想像した場合でも、今と同じように行動し、今と同じような言葉を使い、今と同じような考え方をしますか。「スピリットと一緒に動く」という感覚を体験しはじめてください。いかなるものといえども、あなたの気持ちを騒がせることはありません。展開する状況の一つひとつを、忍耐強く、かつ何でも受け入れる気持ちをもって処理していきます。いかなる人といえども、いかなる状況といえども、この調和に満ちた至高のあり方からあなたを追い出すことはできません。これこそが、マスターとして機能するという意味です。

あなた方がみな自覚しているように、肉体と精神体と感情体を浄化して、スピリチュアルな自分と調和をはかりバランスをとっていくにつれて、最初にソウルセルフに、それからハイアーセルフに、やがて神聖なる「ありてある我れ」にアクセスできるようになります。これらの周波数をクリアしていくにつれて、新しい知識や叡知へのアクセスが可能になります。あなたが誰であるか、誰であったか、本当のあなたはなんと素晴らしくも不可思議な存在であるかを思い出します。スピリチュアルな家族との神聖な絆（きずな）を感じるようになり、孤立している時ですら孤独であると感じることはなくなります。しかし、あなたのハイアーセルフと「ありてある我れ」に、これらの内なる周波数を通して思考形態や情報や新しい知識を送っているということを、あなたは自覚しているでしょうか。

あなた方は創造主の神聖なる代表者としてこの地球にやって来ました。あなた方の多くは、太古の昔に、遠く離れた文明からやって来たのです。別な宇宙からやって来た人もいます。「神・女神・存在するもののすべて」から送られてきた、強度を落としたエネルギーの一部としてやって来たのです。あなたの「ありてある我れ」は特定の使命を与えられました。神聖なる青写真です。それはあなたのオーバーソウル＊(→巻末用語)やハイアーセルフについても同じでした。そしてまた、その偉大な存在の魂の分身であるあなたも特定の任務を課されてきました。それはいうなれば、ジグソーパズルの一つである自分を体験し、パズルを完成するという任務です。ところで、あなた方の一人ひとりが期待されていることは、知識と体験を獲得していく中で、その新しい情報をハイアーセルフに中継するということです。ハイアーセルフはそれを受けて、あなたの神聖な「ありてある我れ」へとさらに中継していきます(あなた方の多くはすでにそうしているのですが、直接「ありてある我れ」にアクセスできるようになるまではこのプロセスが行われます)。この情報は選別され、精選され、高次のレベルの存在局面に送り込まれ、統合され、地球という惑星で行われているユニークな進化の実験で収集された他の情報を修正します。

あなた方は、創造主の生命を与える力を、それぞれのアクセス能力ないしは吸収能力に応じて、好きなだけ引き出すことを許されています。しかし、霊的な成長を継続し、霊的に発展しつづけるためには、すべての存在に対する献身的な奉仕において貢献しなければならないという普遍的な法則があります。すなわち、創造主から与えられる神聖な愛と光の一部を、すべてのものに対する献身的な奉仕において返さなければならない、という法則です。

いうなれば、あなた方は色のある宝石を割り当てられたようなものです。それはまだカットされていない宝石で、研磨されてもおらず、切子面もつけられてはおらず、あなただけの周波数と神聖な青写真がコード化されて入っている宝石です。長い長い時の流れの中を、この宝石は様々な体験を重ねてきました。転がされ、投げ出され、そのたびに人生の教訓を学び、それによって原石が少しずつ磨かれてきたのです。あなたの神聖な愛と光を宝石に注入することによって輝きは増し、あなた特有の周波数の表現ができあがったのです。この宝石はやがて自分がやって来たもとの場所へと戻っていき、そこにある他の素晴らしくも類まれな宝石にそれ独自の輝きを与え、この壮大な実験の奇跡と栄光を「あらゆるものの創造主」の意識の中へともたらすのです。根本創造主を含むこれらの偉大な存在のすべてに代わって、この物質界を体験しているということをあなたは自覚していますか。なぜなら、彼らはあまりにも広大な存在であるがゆえに、自らのエネルギーや意識のレベルを下げて肉体のレベルまで持ってくることは不可能であるからです。

このシナリオの中であなた方に意識してもらいたいのは次のことです。あなたの日常生活の中で行っていることや考えていることは、光の道を通じて創造主のもとへあなたの貢献として送りたいものですか。あなたという存在を代表してもらうとすれば、どのような形で代表してもらいたいですか。どのような存在として記憶してもらいたいですか。あなたはこの極めて重要な実験の一人の参加者として、愛と同情と喜びと感謝の周波数を送っていますか。そうすることによって、あなたの知識と新しく獲得した叡知は全体に貢献していますか。新しい世界や新しい星座、あるいは新しい文明を創造するために活用される普遍的にして神聖な青写真の中に場所を占めるに値する周波数を送っていますか。それとも、あなたの思いや行動は、いま集められている宇宙の記録に入れるのにはふさわしくないものとして拒否されるようなものですか。いま集められている宇宙の記録とは、地球と呼ばれる小さな惑星で起こった奇跡的な変容についての記録です。ごく少数の人びとが、一見して克服不可能に見えた条件に打ち勝って、宇宙の歴史のコースをどのようにして変えたかという話の記録です。

愛する人たちよ、この事実を理解してください。他の何をも信じないとしても、これだけは信じてください。一つひとつの思い、一つひとつの行動、一つひとつの行為が、あなたのアセンションのプロセスのプラスになるかマイナスになるかのいずれかであるということを、です。これが今ほど真実であったことは、かつてなかったほどです。しかも、それはあなたに影響を及ぼすだけでなく、あなたの魂の家族にも、あなたのハイアーセルフにも、世界全体にも影響を及ぼすのです。あなたは他人から分離し孤立した存在ではなく、あなたという存在の内部において完結した存在でもないということを、これを最後に、しっかりと理解しなければなりません。あなたは全体の一局面であり、創造主の心臓の細胞の一つであり、良くも悪くも創造物のすべてに影響を及ぼしています。素晴らしい力を発揮して、現実に違いを生み出し、神聖な使命を達成し、他の素晴らしい光の存在とともに地上に天国を共同創造するという、類まれな機会があなた方の前にあります。

この、またとない機会を逃さないでください。愛する友よ、なすべきことは実に単純です。第一に、あなた自身を無条件に愛し、それからその同じ愛を人類のすべてに延長するのです。優しく、中庸の道を実践してください。あらゆることにおいて過度に走ることなく、節度を守ってください。完璧に裁きの思いを手放し、一人ひとりの人が自らの真実を発見し、自分の運命の道を歩んでいくことを認めてあげてください。喜びとやすらぎと調和の中で毎日を過ごし、周囲の乱れたエネルギーに左右されないでください。あなたにとっての地上の完璧な楽園を想像して、その夢を実現する手伝いをしてくれるスピリットの促しに従ってください。かつてなかったほど膨大な宇宙のエネルギーが入手可能です。今ほど高次元の世界から援助の手が差しのべられたことはありません。しかし、あなたも自分の役割を果たさなければなりません。肉体という乗り物でこのエネルギーを固定し、それから思考過程と行動を通じてエーテル界からこのヴィジョンを降ろしてきて、物質の世界で表現するのです。

あなた方の多くは、高次元の精妙なレベルを移動する中で、非常なスピードで進化を遂げつつあります。そのために、日常の雑用に心の焦点を合わせることが難しいという体験をしています。まるで、足は地上にありながら、意識の半分だけ身体の中に残っていて、あとの半分は身体の外に出ているような感覚です。しっかりと地に足をつけていることが大切です。しかし多くの人にとって、まもなくこれも変わることになるでしょう。というのは、あなた方の多くは今まさに意識における飛躍を遂げようとしており、それが達成されると、三次元の世界で正常に機能しながら、多次元的なスピリチュアルな存在＋肉体を持った存在として、同時に機能することができるようになるからです。この能力を獲得しつつある人にしか、その違いは分からないでしょう。しかし、そのような人は以前に比べて、より落ち着いていて、より効率的で、より活力に満ち溢れていて、愛の力がより大きくなっているように見えるはずです。

いま地上を闊歩している次元上昇したマスターの多くは、静かで、控えめで、優しい人たちです。今という時代の知識と叡知の担い手となり、偉大なスポークスマンになるべく運命づけられている人もいます。また、一般大衆のために奇跡を実演してみせるという運命の人たちもいます。しかし、だいたいにおいて、これらの美しい魂たちのほとんどは、静かに落ち着いて自分の使命を果たし、やすらぎと愛と慰めを広めていくことでしょう。あなた方の世界に姿を現わしつつある、光り輝くこの新しい現実のパノラマの中で、あなたはどこに立っていますか。その場所を決めるのはあなたです。

私たちは叡知と愛と保護とサポートを提供します。しかし、夢を抱いて、その夢を実現するのはあなたです。私はアーキエンジェル・マイケルです。

第47章　私はとどまらなければならない

私のスピリットは
かくも軽々と心にとまり
私の願望はこの世界をあとにすること
思いは高くはるかなる彼方まで舞い上がる
地上にあっては
つなぎとめる糸の力は強く
生命の豊かさ
生命の甘美さ
一息一息
鼓動の一つひとつ
ひとつ逃さずに生きる
帰り来よとの呼び声
帰りたしとの思いは深し
しかし守るべき約束あり

あなたを心の糸でつなぎ
私と一緒に引き上げて連れていくことができたら
永遠に至る道を
純白な光と愛に満ちたエネルギーの場所
私の魂が切望し冀う場所
しかし、あなた方が皆しっかりと帰途につくのを
見届けるまでは
行くことはできない
だから今は
私はとどまらなければならない

ロナ・ハーマン

用語解説（五十音順）

アヴァター（Avatar）
大いなる進化を遂げた存在。人間としての肉体に入ると、幼少期から超人的で神聖な資質や大いなる叡知を発揮する。これまでの長い歴史の中で、数多くのアヴァターが地上に姿を現わし、人類のために道を照らしてきた。

アストラル界（The astral plane）
四次元の世界の別称。七つの局面に分かれており、下部の一、二の局面は非常に暗い状態であり、上の局面にいくにつれて光が増してゆく。コナン・ドイル（『コナン・ドイル、人類へのスーパーメッセージ』）によれば、アストラル界の第七局面の後に「サマーランド」があり、これは普通、人間が天国と考えるような場所であるという。

ありてあるすべての玉座（The Throne of All）
創造主の本質を表わすために用いられている言葉である。究極の創造主の心の内奥であり中心である場所。

五つの高次元の光線（The Five Higher Rays）
太陽系には七つのチャクラと七つの光線があり、銀河系にはそれに加えて五つのチャクラと五つの高次の光線がある。太陽系の七つのチャクラと光線を統合し終えると、銀河系のチャクラと光線にアクセスできるようになる。八番目のチャクラは「ソウル・スター」と呼ばれ、銀河系の意識と私たちをつないでくれる橋である。アーキエンジェル・マイケルは『The Golden Promise』（黄金の約束）の中で、高次元の光線について詳述している。

イレヴン＝イレヴン（11：11）
一九九二年一月十一日、地球のポータルが開かれた。この日を英語流に書くと、11. 1. 1992 となって一が四つ並び、イレヴン＝イレヴン（11：11）と呼ばれている。イレヴン＝イレヴンは二元性と一元性（ワンネス）をつなぐ架け橋である。人間が高次元の意識に至るための道ともいえる。11：11という数字は、人間が物質界に降下してきた時に、記憶の細胞にコード化されて入れられ、覚醒の時が来たことを知らせる役割を持つ。多くの人たちが11：11という数字の組み合わせを夢の中で見たり、デジタルの時計で見たり、その他、様々な形で見る体験をしている。

ヴィジョナリー（Visionary）
この言葉には二つの意味がある。一つは、ヴィジョンが実際に見える人ということ。本書ではこの意味で登場している。もう一つの意味は夢想家である。未来のヴィジョンを夢見る人という意味で、この場合には幻想的なヴィジョンが見えるということではない。

ヴォルテックス（Vortex）
渦を巻くエネルギーの集合で、真ん中が真空状態になっている。地上の聖地の多くは、ヴォルテックスと呼ばれる生命エネルギーが集中している場所である。

エーテル界（The etheric world）
四次元、五次元と続く高次元の世界を意味する。

エーテル体（Etheric body/Etheric web）
肉体に比べてより精妙な物質から成っている目に見えない身体で、肉体、精神体、感情体のための青写真を持っている。別名「アストラル・ライトボディー」とも呼ばれる。

オーバーソウル（Oversoul）
人間の真の姿であり、神聖なライトボディーであり、私たちが人間として生まれてくる以前からすでに存在しているもの。人間が地球に存在している時、同時に高次な次元に存在している。「ありてある我れ」「オーバーソウル」「モナド」はすべて同じ存在。

オムニバース（Omniverse）
ユニバースは「すべてのものが一つになった」という意味であるが、オムニバースは「数多く」の意で、「数多くの世界」「多次元の世界」を意味している。

オーリックフィールド（Auric field）
物体を取り巻く目に見えない電磁波の磁場。エネルギーによって構成されており、色があるが、透視力のある人ないしはスピリチュアルな内的視力がある人にしか見えない。明るく澄んだ色は健康と生命力を意味するが、暗く濁った色の場合には身体が病に冒されていたり、アンバランスな状態にあることを意味する。

黄道帯（Zodiac）
ギリシャ時代、太陽系天体の位置を表わすのに用いた天球上の区分。黄道帯には春分点から黄道に沿って三〇度ずつ十二等分した十二宮がある。

サナト・クマラ（Sanat Kumara）

サナト・クマラは偉大なるアヴァターであり、「世界の神」とも呼ばれる存在である。すべての惑星には惑星のロゴスとしてのアヴァターが一人いる。サナト・クマラは地球の惑星のロゴスであり、地球全体に光を与えている存在である。

ジェネレータークリスタル（Generator Crystal）

透明な水晶で、六つの面がほぼ完璧に一点に集約しているもの。非常に強力な水晶であり、十分な敬意を払って使用する必要がある。エネルギーの集約と放射、石の浄化や石にエネルギーを与えるのに有効である。

自動書記（Automatic writing）

高次元からのコミュニケーションの一形態で、手が自然に動いてメッセージを綴り出すという現象である。アメリカ人の高名なジャーナリストであったルース・モントゴメリーは十六冊の書物をチャネルしてアメリカ人の意識変革に大きく貢献したが、彼女の場合は自動書記に始まり、その後はタイプライターの上に手をかざすと手が自然にキーを打つという形の自動書記であった。

シナジー（Synergy）

一緒に働くこと。統合された協同のエネルギー。

上部原因局面（The Higher Causal Plane）

地球上の肉体に宿る魂は七つの次元を体験する。物質界、アストラル界、精神界、直感界、霊界、モナディック界（ありてある我れはここにいる）、神界である。これらの世界にはそれぞれ七つの下部局面がある。原因局面は精神界の下部局面の一つで、上位に属する。

スピリットセルフ（Spirit Self）
スピリットとしての我れ。

ソウルセルフ（Soul Self）
魂としての我れ。

第三の目（Third eye）
第六チャクラ。額の真ん中に当たる。「チャクラ」の項参照。

チャクラ（Chakra）
人間の身体の中のエネルギーセンターであり、第一から第七まである。（下図参照）

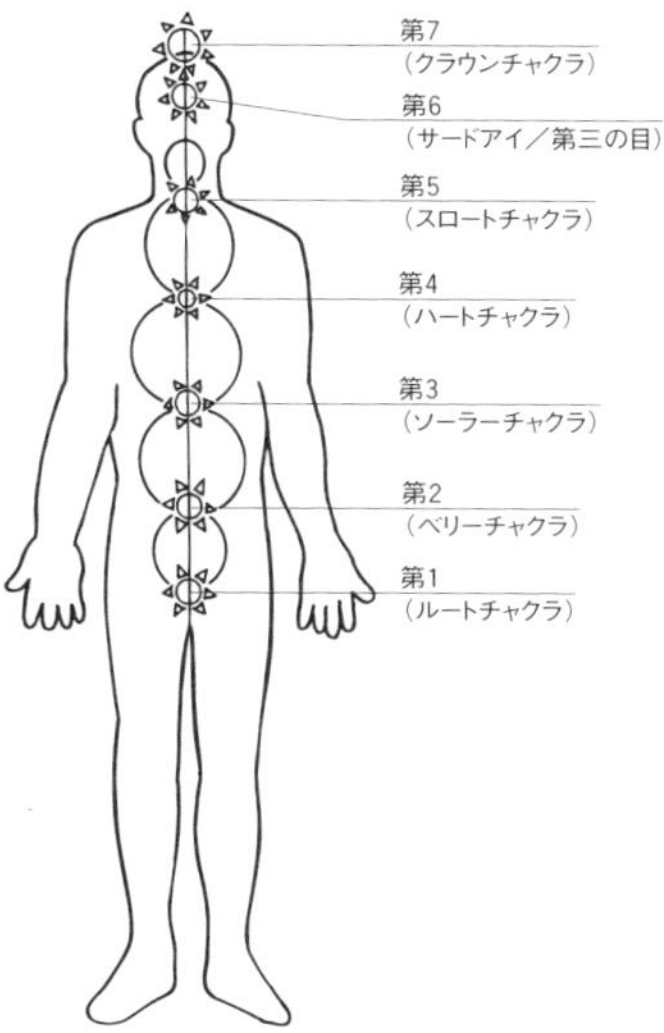

通過不可能な輪（地球の周囲にはりめぐらされていたバリアー）（The ring pass not）
アトランティス大陸が海に沈んだ時、地球は三次元レベルの意識へと降下した。その結果、人類は膨大な量のマイナスのエネルギーを放出するようになった。怖れ、怒り、罪の意識などのマイナスの感情が大いなる混乱をもたらした。この非常に強烈なマイナスエネルギーが銀河系の地球以外の場所に影響を与えることのないように、地球のまわりに光のシールドがつくられた。いうなれば、地球と地球に住む人類は強制的に隔離されたのである。このシールドは「通過不可能な輪」と呼ばれ、人類のエネルギーはこの輪を破って宇宙に出て行くことはできない。同時に、銀河系からのエネルギー、叡知、思考形態の地球への流入もまた制限されることとなった。今、その輪が外されたために、「父にして母なる神」の素晴らしいエ

ネルギーをはじめとして、宇宙の叡知がいまや地球に届くようになったのである。アーキエンジェル・マイケルが届けてくれる叡知はまさにこうした理由によって可能となった。

トゥエルヴ＝トゥエルヴ（12：12）

トゥエルヴ＝トゥエルヴは一九九四年十二月十二日に起こった、地球アセンションのプロセスにおける一つのステップである。「自由と完成に至る門」と呼ばれる門が開かれた。トゥエルヴ＝トゥエルヴによって、地球の波動が再び高められ、四次元への上昇が加速された。同時に何百万という人びとに対するウエークアップ・コールともなった出来事である。

ハートソウル（Heart soul）

チャクラのバランスがとれてくると、心と魂が統合される。その状態を表わしてハートソウルという用語が使われている。

ハーモニック・コンヴァージェンス（Harmonic convergence）

一九八七年の八月、「父にして母なる神」から、銀河系意識の十二の光線の周波数が、地球および人類に向かって流れはじめた。これによって、人類の覚醒のプロセスが開始された。それは四次元を通って五次元の意識へと向かうプロセスである。

ハーモニックス（Harmonics）

和合したエネルギーのこと。同じような感情・考え・関心などを持っている状態。数多くの部分が心地よく調和のとれた全体を形成している状態。スピリチュアルなハーモニーが形成されている状態。

ハイアーセルフ（Higher Self）
人間は肉体・心・魂・スピリットの四つの部分によって構成されている。肉体はいうまでもなく身体のこと。心は「ものを考える心の働き」といってもよい。物事を考える機能の部分である。魂は神の火花として宇宙を旅してきた存在であり、その長い旅路の中で、それなりの個性を持っているといわれる。スピリットも魂と同じく根源的な存在の源に発しているが、人間の四つの部分の中でいちばん「神・創造主」に近いところにいる。ハイアーセルフはこのスピリットの別名であると考えてよい。

ブラザーフッド（Brotherhood）
スピリチュアルなガイド、先生、マスターから成る集団で、構成メンバーはスピリチュアルな道の先駆者であり、スピリチュアルな力を具有している存在たちである。光に至る道のガイドとして他の存在を導く存在から成っている。「ホワイト・ロッジ」「アセンディド・マスターズ・カウンシル」などの名前で呼ばれることもある。

ポータル（Portal）
次元と次元の間にあるドアで、神聖な光が次元から次元へと流れていくことを可能にしてくれるもの。

メルヴィアン人（Meruvian Race）
地球における次のルートレース（根となる民族）の名前。現在、誕生している人びとの多くがこの人種に属する。ロード・メルがこの民族全体の責任者である。

幽体離脱（Out of body）
魂が肉体を離れる現象。臨死体験をした人の多くが幽体離脱を体験している。手術中に臨死体験をした人の場合は、手術室の天井に漂いながら自分の身体を見ていたという体験がそれにあたる。

四つの低次元（Four lower dimensions）
一・二・三・四次元を指す。

ライトボディー（Light body）
ライトボディーはハイアーセルフ、「ありてある我れ」と言い換えてもよい。それは私たちの神聖な青写真であり、肉体を超えた高次元にすでに存在していて、私たちとの融合を待っている。私たちが肉体をより調和のとれたものにしていくにつれて、徐々にライトボディーを統合してゆくことになる。これがすなわちアセンションというプロセスである。

ライフリーディング（Life reading）
人としての過去・現在・未来を読み取ること。

惑星のロゴス（Planetary Logos）
ロゴスはギリシャ語で「言葉」を意味する。神の言葉や思いが地上において姿かたちをとって現われたものが惑星のロゴスである。

日本の美しい人たちへの特別なメッセージ

愛するマスターたちよ、永遠の時の流れの中で高次元の世界で一緒に体験してきた様々な素晴らしい冒険の思い出話をしながら、あなたと私がいま一緒に座っていると想像してみてください。そうです、あなた方の一人ひとりが私の光の軍団のメンバーです。さもなければ、私がこのメッセンジャーを通して送っているこの言葉をあなたは読んでいないでしょう。そしてまた、その言葉に深い共鳴を感じてはいないでしょう。約束したように、私は常にあなたの近くにいて、あなたを導き守ってきました。あなたは忘れてしまったかもしれませんが、私は忘れていません。あなたが、「地球プロジェクト」の任務に同意したあとに、私はあなたの心の中にスターシードの種をまきました。それは神の光の特別な種であり、平和と光の私の戦士の一人であるあなたの身分を証明するものです。その種が今、あなたのハートセンターの中で明るい炎を放ち、あなたがこの数年間しばしば感じてきた切望の思いをつくってきたのです。今こそ足を一歩踏み出して、神の光としてのあなたの遺産を我が物として宣言する時です。あなた方の一人ひとりに、私と新たなる盟約を交わすことを依頼します。

地上における私の使者になってくれるでしょうか。光のチャンピオンとなって、七つの徳を象徴する私の剣（つるぎ）を携える人となってくれるでしょうか。日本という名の素晴らしい国に住む人びとの誰もが、いま展開しつつある壮大な計画において果たすべき重要な役割を担っています。世界の多くの場所は苦しみに喘いでいます。過剰人口、土地・森林・湖・河川の濫用、そしてまたネガティブな思考形態による汚染に苦しんでいます。これらの地域には非常に重い空気が立ち込めているために、浄化が必要なのです。現在、その浄化が行われていますが、これからもさらに多くの洪水や、火災、暴風が起こるでしょう。これは誰かを罰するためではなく、長年の間に蓄積されてきたマイナスのエネルギーや問題を浄化してバランスをとり、その結果、すべてのものが再びバランスを回復できるようにするためです。これらの地域に住んでいる数多くの愛すべき魂たちは、神聖な光を錨になって固定し、浄化のプロセスをできるだけ簡単なものにするという任務を引き受けたのです。あなた方の一人ひとりが引き受けた役割は、全体の計画が成功するために不可欠です。

愛する人たちよ、あなた方はいるべき場所が安全かどうか心配する必要はありません。自分をスピリットの光で包み、すべての存在のために最善のことが起こるようにと依頼すれば安全です。地球に大変動があるに違いないと信じている人たちは、どこに行ったとしてもその地球の大変動を一緒に持って行くことになります。なぜなら、それがその人たちの創造した現実であるからです。自らの神の資質に目覚めつつある人は、誰もが、家路につくようにとの呼びかけと衝動を感じています。その旅の最初の行程は、それぞれの「魂・心の歌」に共鳴する地球上の場所に行くことです。あなた方の遺産は太古からのものであり、高貴なるものです。あなた方の脳組織の中には膨大にして深遠な叡知が秘められており、それは世界の人びとと分かち合うべきものです。

はるか昔においては、あなた方は自分の内面に入ってゆき、スピリットセルフや創造主からのガイダンスを求めました。あなた方は顕現の普遍的な法則を使って、偉大にして壮大なものを顕現することを学びました。しかし、いまや、あなた方の心の焦点は外に向けられ、あなた方の多くは自分の本当の力がどこにあるのかを忘れてしまいました。今ここで、再び自分の内面に心を向け、あなたの中に居住する神の火花とつながってください。あなたの内なる本質と一体になって力を合わせる時、想像もできないような奇跡を起こすことが可能となるでしょう。愛する人たちよ、あなたの創造物がすべてのものにとって最善のものであるようにと常にお願いしてください。そうすれば、道を踏み外すことはなく、美しく豊かな創造を一〇〇パーセント享受することができるでしょう。

あなた方の任務は、地球で顕現するべく高次元の世界で待っている、新しい光の都市・国のために準備をすることです。このプロセスに力を貸すことに同意してくれるでしょうか。瞑想する時に、光のピラミッドの中に入って、一条の神の光があなたの家に注がれる様を想像してください。それからあなたが住んでいる地域に、町全体に、最後にはあなた方の偉大な国全体にこの光が注がれるのを想像してください。一つの地域に一定の時間、焦点を合わせてください。すると、アセンションの光の柱を拡大する準備ができた時に、ガイダンスがやって来るはずです。あなたがここですることは、高次元の精妙なエネルギーを固定するということで、これによって、いま始まっている恩寵のニューエイジのバランスがとられ、調和され、そのための道が切り拓かれます。

愛する人たちよ、すべてのものを愛のフィルターをかけて見はじめてください。そして、同情の思いによって和らげられた耳で聞くことを始めてください。他の人種や文化や国を見る時、何が違うかではなく、何が共通しているかを見はじめてください。あなた方はユニークな人びとです。しかし、あなた方の中には同じ創造主の神聖な火花が宿っていて、その火花が地上に天国を再び築くために肉体という乗り物に生まれてきたのです。

愛する人たちよ、この任務を引き受けてくれるでしょうか。求めてください、そうすれば私は、「父にして母なる神」に奉仕するための愛と力と誠実さと意志の光であなた方を包み込むでしょう。それは、地球における最後の使命を勇敢にも達成するために必要なもののすべてです。もしもあなたがそう望むならば、これが地上における最後の使命になります。最近あなた方に言ったように、あなた方の地上の任務は完了したのです。今は、地球と呼ばれる美しい星の船に乗って、喜びと平和と豊かさとお互いへの愛を創造するために、銀河系・宇宙の使命へと旅立つ時です。

光のピラミッドの中の私に会いに来てください。何度でも来てください。私はあなたにガイダンスとインスピレーションを差し上げましょう。しかし、何よりもまず、創造主からの愛と光という貴重な贈り物をあなたに注ぎ込んであげましょう。あなたは決して一人ではないことを知ってください。私はアーキエンジェル・マイケルです。

訳者紹介

大内　博（おおうち　ひろし）
1943年、福島県生まれ。上智大学外国語学部英語学科卒業後、英語教師となるが、後に東西文化交流センター留学生として、ハワイ州立大学大学院で第２言語としての英語教育を専攻。2009年、玉川大学文学部教授退官後、翻訳業の傍ら訳書をもとにしたワークショップを定期的に開催している。特定非営利活動法人「ヴァーチューズ・プロジェクト・ジャパン」理事長。訳書に『それでもなお、人を愛しなさい』（早川書房）、『ゆるすということ』『ゆるしのレッスン』（サンマーク出版）、『聖なる愛を求めて』『生命の贈り物』『愛の使者トーマスからのメッセージ』『ホワイト・イーグル 故郷に帰る道』『奇跡のコース』（いずれもナチュラルスピリット）、『プレアデス＋かく語りき』『プレアデス＋地球をひらく鍵』『ファースト・サンダー』『スーパー・アセンション』『愛への帰還』『天使の証明』『光の翼』『黄金の約束』『聖なる探求』『運命の脚本を書く』『ヴァーチューズ・プロジェクト 52の美徳 教育プログラム』『家族をつなぐ52のキーワード』『終わりなき愛』『アセンションのためのワークブック』（いずれも太陽出版）ほかがある。

＜訳者主催のワークショップ＞
『奇跡のコース』『終わりなき愛』『ゆるすということ』『生命の贈り物』『光の翼』『黄金の約束』『聖なる探求』『運命の脚本を書く』『アセンションのためのワークブック』を基本にしながら、「安らぎのワークショップ」を開催しています。ゆるしによって心を解放し、自分を豊かにし、他人をも豊かにしながら、人生の無限の創作を楽しみませんか。

＜問い合わせ・申し込み先＞
大内　博———〒401-0502　山梨県南都留郡山中湖村平野3623-1
FAX————0555-62-3184
E-mail————hiroshi@mfi.or.jp
ホームページ—http://www.mfi.or.jp/hiroshi/

光の翼

——「私はアーキエンジェル・マイケルです」——

2002年7月15日　第1刷
2012年9月15日　第5刷

［著者］
ロナ・ハーマン
［訳者］
大内　博

［発行者］
籠宮良治
［発行所］
太陽出版
東京都文京区本郷4-1-14　〒113-0033
TEL 03(3814)0471　FAX 03(3814)2366
http://www.taiyoshuppan.net/
E-mail info@taiyoshuppan.net

装幀=氏家慶乃
［印刷］壮光舎印刷［製本］井上製本
ISBN978-4-88469-275-9